揺れる子どもの最善の利益

東アジアの共同養育

山西 裕美 編著

晃洋書房

は じ め に

日本の民法 819 条では，未成年子の親権は，婚姻中は父母による共同親権ですが，離婚後は父母のどちらか一方による単独親権制度です．この約 20 年間，母親が全児の親権者である割合が 8 割以上を占めています．しかし，日本でも離別後の子どもの親権や面会交流をめぐる家事事件が増加しており，審理期間も長期化しています．近年は，別居親，特に父親からの親権や面会交流への要求が高まっています．

さらに，日本も批准している国連の「児童の権利に関する条約」における「子どもの最善の利益」の視点から，親子分離禁止の原則や両親の共同養育責任等の規定があります．親子が別居した場合にも，恒常的な面会交流等を通じて両親による共同養育に対し締結国が最善の努力を払うことが求められています．

そのため，2011（平成 23）年「民法の一部を改正する法律」により，民法 766 条が改正され，両親の離別後の子どもの監護について必要なことを決める際には「子どもの利益」を最も優先して考慮しなければならない旨が改めて明記されました．2012（平成 24）年からは，離婚届けの様式も改正され，面会交流と養育費の分担についてのチェック欄が設けられるようになりました．

しかし，このチェック欄にチェックが無くても，離婚届けは受理されます．そのため，平成 28 年度の全国ひとり親世帯等調査結果では，養育費を継続して受けている母子世帯の割合は約 24％に過ぎず，母子家庭の貧困率の高さの問題に繋がっています．このことは，子どもの貧困問題にもつながり，貧困の連鎖の悪循環を生み出す一つの要因にもなっています．別に暮らすもう一方の親による民法の扶養義務が徹底されていないことは大きな問題です．

法務省は，2018（平成 30）年 7 月，離婚後の単独親権制度を見直し，離婚後の共同親権導入を検討すると発表し，離別後も父母双方が子どもの親権を待つ共同親権制度の是非をめぐる研究会を立ち上げました．2021（令和 3）年 3 月には，父母の離別後の子の養育の在り方を中心とする諸課題について報告書が

まとめられましたが，法制審議会が 2022（令和 4）年 2 月 1 日にまとめた民法
改正要綱案にはまだ取り上げられていません．

　法務省が 2020（令和 2）年 4 月 10 日に公表した G20 を含む海外 24 カ国を対
象とした離別後の子どもの親権に関する調査結果では，日本のように父母一方
を親権者と定める単独親権制度のみが認められている国は，インドおよびトル
コだけです．

　しかし，離別後の両親による未成年子の共同養育を「子どもの最善の利益」
とするグローバル・スタンダードを，そのまま今の日本に持ち込むことは可能
なのでしょうか．両親が離別後も良好な関係で協力関係を維持できる場合には，
離別後も共同親権が可能かもしれません．しかし，離別の背景に DV や児童
虐待，生活費を入れないなど，夫婦関係や家族生活の維持そのものに問題が
あった場合などには，両親が協力関係を築きにくいことが懸念されます．この
ような場合，「子どもの最善」だからと離別後は原則共同親権となってしまう
と，両親がバラバラに親権を行使することになってしまい，かえって子どもが
振り回されることにもなりかねません．

　さらに，日本は，1980 年代からの日本型福祉社会構想による家族による福
祉的ケアの称揚により，結果的に育児時間は母親に偏っています．普段の生活
で，父親が子どもの世話やコミュニケーションをとる時間が少ないまま，離別
後の面会交流において，父親による子どもとの交流が子どもにとって適切に行
われるのか懸念されるところです．

　その一方で，未婚の母の場合，離別後の共同養育自体が全く問題とされてい
ないことも懸念材料です．母子家庭で起こった児童虐待事件でも，母親と離別
後に子どもの父親が子どもとどう関わっていたのか，報道ではふれられていな
いようです．熊本県にある慈恵病院の「こうのとりの揺りかご」では，2007
（平成 19）年 5 月の運用開始から 14 年間に預けられた子ども計 159 人のうち未
婚の母親が預けたケースが 53 人でした．子どもを産んだ母親が困った挙句の
選択だと思われますが，共同養育が「子どもの最善の利益」であるならば，未
婚の場合でも同様に，父親は子どもの養育に責任を持つべきだと思います．

　そこで，日本での離別後の共同養育や共同親権について考えるため，日本と
同じ東アジアの家族主義福祉国家であり，日本より 20 年以上前から未成年子

の離別後の共同親権制度を導入した韓国と台湾でも調査を行い，未成年子に対する離別後の共同親権とその共同養育の実際から，日本に未成年子の離別後の共同親権が導入された場合に検討する必要があると思われる課題について考えることにしました．

本書は，文部科学省日本学術振興会科学研究補助金（基盤研究(C)課題番号 No.26380732　研究代表者 山西裕美）の助成を受けて行った日本・台湾・韓国の離別後の親権や共同養育に関する比較調査研究がベースになっています．また，日本・台湾・韓国での調査研究はすべて熊本学園大学倫理調査審査会での審議を受け，承認を得て行いました（承認日付：日本 2016 年 7 月 13 日，韓国 2016 年 9 月 30 日）．台湾現地調査においては，台湾の花蓮市にある慈濟大学准教授周典芳先生の協力を得て行い，その後の台湾調査の分析研究についても，共著で報告を行ってきた経緯から，今回も台湾の共同親権や共同養育については周先生に執筆をお願いしました．また，日本の若年出産による未婚や離婚家庭の離別後の子どもの養育については，筆者と同じ熊本学園大学教授の出川聖尚子先生に，これまでの研究を踏まえて執筆いただきました．

本書の構成は，第 1 章「離別後の親権と共同養育」にて本研究の視座と問題提起を行い，第 2 章「日本の離別後の共同養育」，第 3 章「台湾の離別後の共同養育」，第 4 章「韓国の離別後の共同養育」では，各国における動向とインタビュー調査結果，及びそこからの課題についてまとめています．そして，最後の第 5 章「東アジアの共同養育——日台韓の比較を通じて」では，3 カ国において行ったアンケート調査結果の比較を行い，家族主義福祉国家での共同養育や共同親権における課題をまとめました．

両親離別後の子どもの養育や親権の在り方は，子どもが幸せに育つための「子どもの最善の利益」としてあるべきです．しかし，共同親権や共同養育が「子どもの最善の利益」という理念が独り歩きし，当事者である親や子どもが不在の中で専門家によって議論された理念の押し付けになってしまうのは好ましくありません．そのため，この研究では出来るだけ当事者の方々のお気持ちを伺うことにしました．日本や台湾，韓国でのインタビューでは，少しでも他の方たちの役に立てばと当事者の方々がとても真剣にインタビューに応えて下さいました．この研究は，これらのインタビューにご協力くださった方々のお

かげで行うことが出来ました.

　目指すべくは，離別後も幸せな親子の時間が継続できるような子どもの養育だと思います．本書を通じて離別後の親子関係について一緒に考えていただくことが出来れば幸いです.

　2022 年 1 月

山 西 裕 美

目　　次

第1章

離別後の親権と共同養育

1　東アジアの離別後の親権と子どもの養育における問題の所在

　1989（平成元）年に国連で採択された「児童の権利に関する条約」（以下，「子どもの権利条約」）では，「子どもの最善の利益」の視点から親子分離禁止の原則や両親の共同養育責任等の規定がある．親子が別居した場合にも恒常的な面会交流等を通じて両親による共同養育について締結国が最善の努力を払うことが求められている．法務省が 2020（令和 2）年 4 月 10 日に公表した G20 を含む海外 24 カ国を対象とした離別後の子どもの親権に関する調査結果では，日本のように父母一方を親権者と定める単独親権制度のみが認められている国はインドおよびトルコだけであった．

　子どもの利益の視点から離別後の共同養育や共同親権へ取り組みが世界的趨勢の現状において，日本も 1994 年にこの条約に批准しており，2011（平成 23）年「民法の一部を改正する法律」（平成 23 年法律第 61 号）により，未成年子がいる夫婦の離婚では，子どもの監護について必要なことを決める際に「子の利益」を最も優先して考慮しなければならない旨が明記されるようになった．しかし，未成年子がいる夫婦が離婚する際の離別後の親権については，民法第819 条において，協議離婚の場合でも裁判所での離婚の際でも，いずれの場合でも単独親権制である．

　グローバル化による国内外での国際結婚による国際離婚の増加により，日本でも離別後も共同親権制度をもつ国々との国際関係上の問題や，個々の国際離婚のケースにおいても当事者間において国内外で制度が異なるため，様々な混乱が生じてきている．特に日本が「国際的な子の奪取の民事上の側面に関する条約」（以下「ハーグ条約」）に加盟し，2014（平成 26）年 4 月 1 日よりこの条約が発効するようになって以来，日本国外での離婚に対しては，その国が離別後も共同親権の場合，日本も加盟国である相手国からの要求に応じて共同親権への対応が求められるようになった．国内的には単独親権制，国外に対しては必要に応じて共同親権制としての対応と，離別後の未成年子の親権という同じ問題に対して，対象親子によって国内外での二つの異なるルールでの対応，すなわち "ダブル・スタンダード" が起こっている．

さらに，父親に無断での母親による子どもの連れ去りに対しても，国内での親権者裁判では従来の「監護の継続性・安定性」重視の視点から母親が親権者とする高裁判決が最高裁でも採用されたが，ハーグ条約に基づく国外からの子どもの返還申し立てに対しては人身保護法上での拘束であり「顕著な違法性」と指摘された[3]．「子どもの最善の利益」をめぐる最高裁による判断基準に違いも生じており，両親離別後の未成年子の親権者をめぐる"二重のダブル・スタンダード"による国内での混乱が懸念される[山西 2018]．

この両親離別後の未成年子の親権に対する日本での"二重のダブル・スタンダード"である対応について検討すべき社会の変化がある．一つは，国内における未成年子を伴う離婚率の上昇である．平成28年の離婚件数21万6798組のうち，未成年の子どもがいる離婚は12万5946組（全体の58.1%），親が離婚した未成年の子の数は21万8454人であった[厚生労働省 2018]．

さらに，日本の相対的貧困率では，子どもの貧困率が13.5%と，約7人に一人の子どもが貧困であることを示している[4]．その大きな要因として，ひとり親家庭の相対的貧困率が48.1%と約半数を占めることが考えられる[5]（厚生労働省 令和元年国民生活基礎調査）．

戦後の日本の母子家庭に対する施策は，戦争未亡人など死別を対象とした公的扶助給付型の施策から，2002年3月に発表された『母子家庭等自立支援対策大綱』より，就業支援を中心とした総合的な自立支援施策（ワークフェア）へと転換が図られた．しかし，戦後まもなくからの母子家庭施策においても，当初より経済的自立への努力が目的とされ，母親たちの労働へのインセンティブも高く，就労率は戦後から一貫して8割を超えている．

母親の就労率は8割を超えているにもかかわらず，平成27年の母子世帯収入（348万円）は，児童のいる世帯の平均収入（707.8万円）の半分を切る．父親からの養育費を受けたことのない母子世帯の割合も過半数を超えており，調査時点現在で養育費を受け取っている割合も24.3%にすぎない[厚生労働省 2017]．

むしろOECD加盟国のひとり親世帯の比較分析結果より明らかになったのは，OECD加盟国平均値で非就労の相対的貧困率61.4%であるが，就労の場合には21.3%と大きく下がっているにもかかわらず，日本は就労しても相対的貧困率が54.6%と過半数を超え，非就労の場合の52.5%より，むしろ若干

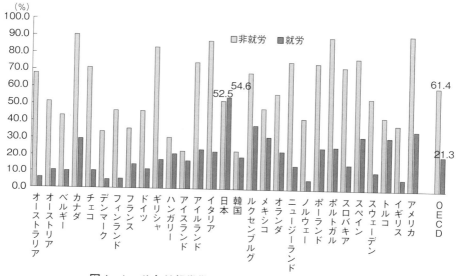

図1-1　ひとり親世帯の就労と貧困率（2004-2008年）

（出所）"Educational Opportunity for All: Overcoming inequality through out the life course"（OECD 2017）より筆者作成.

上がっている．日本以外の他の加盟国のひとり親世帯では就労により貧困率が大幅に減少している（図1-1）．

　2011年の民法改正後，2012年4月より協議離婚届に養育費や面会交流についての協議のチェック欄が設けられ，両親への確認や周知等が図られているが，チェック無しや不明が半数以上である［厚生労働省 2017］．ひとり親家庭，特に母子家庭の子どもの貧困の背景には，養育費の問題が影響を与えていることが示唆されている［厚生労働省 2015］．両親が離婚する未成年子の割合は増えているが，周知を図っているにもかかわらず，離別後の共同養育がほとんどなされておらず，このことが子どもの貧困の連鎖に繋がることは社会問題となっており，何らかの有効な解決手段が望まれている．

　二つ目として，グローバル化に伴い，日本国内での国際結婚及び国際離婚が一定数を占めることである．日本で発生した国際結婚の件数は，2006（平成18）年まで増加傾向にあったが，その後は国による日本国籍取得目的の偽装結婚取り締まり強化の影響もあり，減少に転じている．2019（令和元）年の国際

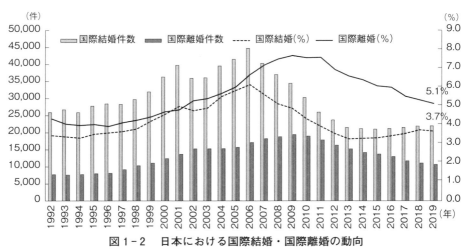

図 1-2　日本における国際結婚・国際離婚の動向

(出所) 厚生労働省「人口動態調査」より筆者作成.

結婚件数は 2 万 1919 組で，同年の日本の婚姻件数総数に占める割合も大きく下がり 3.7％である[7]．国内での国際結婚自体が減少傾向であることと呼応して，国内での国際離婚件数も，2009（平成 21）年をピークに減少傾向ではあるが，2019（令和元）年の夫妻の一方が外国である離婚件数は 1 万 647 組と，同年の日本の離婚件数に占める割合は 5.1％であった[8]．国際結婚数の減少に比べると，国際離婚の減少幅は小さく，また日本の離婚総数に占める割合も 5.1％と，国際結婚の割合よりも高い（図 1-2）．

　2009 年のピーク時には国内での国際離婚が日本の離婚件数総数のうちの 7.7％を占めていたことも考慮すると，日本国内での外国からの夫や妻にとって，未成年子がいる場合の離婚は，日本国内と出身国での離別後の未成年子の親権制度が異なること自体が混乱を招きやすい．外国人の親による国外への連れ去りも起こっている．日本も 2011（平成 23）年の民法の改正では，離婚に際して単独親権制ではあっても，面会交流や養育費など子どもの監護を決める際には子どもの利益を最優先にして考慮するように改めて明文化した．親のライフスタイルに関わらず，子どもが安心して親を信頼できる環境で育つことが出来るという点で，共同養育は子どもの成長発達にとって大きな意味があると言えるだろう．しかし，どこまで両親が離別後も共同養育が可能なのかは，別れ

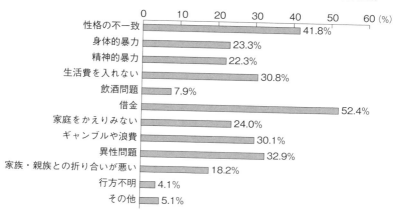

図1-3　ひとり親になった相手の理由（複数回答）(*n* = 292)

（出所）『シングル・ペアレント・ファミリー支援についての調査研究』熊本学園大学付属社会
福祉研究所助成 平成22年-24年度 研究代表 山西裕美).

た事情や背景などにより疑問が残る点もある．以前に行ったひとり親家庭に対
する支援についての調査研究（熊本学園大学付属社会福祉研究所助成 平成22年-24年
度 研究代表 山西裕美）では，離婚の理由（複数回答）として，相手の「借金」
（52.4%），「生活費を入れない」（30.8%），「異性問題」（32.9%），「ギャンブルや
浪費」（30.1%）などが多く占め，さらに身体的暴力や精神的暴力などDVが疑
われるケースも少なくなく，そもそも離別後の子どもの共同養育が可能かどう
か疑われるケースが過半数を占める（図1-3）[山西・伊藤・出川 2012; 2013]．

　さらに，日本のこれまでの家族に対する福祉制度の在り方の問題がある．
1973（昭和48）年のオイルショック以降，日本型福祉社会構想として家族主義
的改革を積み重ねてきている．1978（昭和53）年の厚生白書には三世代同居は
「福祉の含み資産」と評され[厚生省 1978]，1979（昭和54）年には自民党政調会
より「家庭基盤の充実に関する対策要綱」が出され“日本型福祉社会の創造”
として自立自助を基盤として，家族や地域による相互扶助による社会保障制度
が築かれてきている．しかし，家族による高齢者や子どものケアを中心的に支
えるのは家庭内の女性が当てにされており，その後に続く1980（昭和55）年の
妻の相続分の引き上げ，1986（昭和61）年の国民年金における第三号被保険者
制度，1987（昭和62）年配偶者特別控除など，家庭内の主婦を擁護する制度改

革が続いた．父親の労働時間の長さもあり，現代でも父親の家事・育児時間は他国に比べても大変短い[総務省 2017][9]．

　E. アンデルセンの福祉国家のレジームでは，日本は家族が福祉の供給源となる家族主義に分類される[Esping-Andersen 1997: 179-89]．しかも，日本の場合は，家族による福祉の供給は，性別役割分業が前提となった標準的核家族モデルが前提である．そのため，協議離婚はもとより，調停や裁判離婚においても，両親の別居の時点から仕事に忙しい父親の下に子どもを置いておく困難もあり，母親と子どもが一緒に暮らすことになりがちである．そのため，離婚の際にも，結果的に子どもの「監護の継続性・安定性」の視点からの判断で母親が親権を取ることから，現在は母親が親権を取る場合が 8 割以上となる[厚生労働省 2018]．

　日本の場合，先の離婚の理由からも窺えるように，離別後も子どもと暮らす親が共同養育をしようとした場合に，子どもと別に暮らすもう一方の親が，養育費を払わないことや自分の子どもとの面会交流自体を望まないことも起こりえる．日本のように性別役割分業を標準とする家族主義福祉国家の場合，離婚後も母親が子どもの監護のほとんどを担うことが多く，父親による養育費支払いの割合も大変低い．そのため，子どもと一緒に暮らす母親の経済的負担は重く，仕事と育児に追われる生活を送りがちである．その上に，子どもの生活上のさまざまな手続きについて，別に暮らすもう一方の相手の親と連絡をとりながら進めていく共同親権や共同養育は，現状として実現が難しい状況であると思われる．

　日本国内での離別後の共同養育については，民法改正により法的には共同養育についてより意識喚起を促しているが，当事者の認識や受け入れなど実体があまり進まないまま，2014 年 4 月にハーグ条約が発効して以降，2021 年 11 月 1 日現在，外務省による日本国へあるいは外国への返還援助が決定した 263 件のうち返還・不返還が確定・実行したケースが 184 件（70.0%），継続事案 48 件（18.3%）である（外務省 2021 年 11 月 1 日）[10]．米国務省は 2018（平成 30）年 5 月 16 日，国際結婚破綻時の子どもの連れ去りに関する年次報告を公表し，日本を「ハーグ条約」に基づく義務の「不履行国」に認定している．離別後の親権や養育の在り方について，日本の国内条件をどう整えていくのか，グローバル

化が進行する中，海外での離婚における子どもの親権をめぐって，日本でも様々な問題が起こっている[3]．

　スウェーデンでは，すでに離別後の共同親権，共同養育が法制度的な選択肢として先行しているが，未成年の子どものいる離別夫婦に対して共同養育，共同親権が適用される社会民主主義の福祉国家と，性別役割分業型家族を前提として母親が主に子どものケアを担う家族主義型福祉国家の日本は，異なる福祉国家の社会構造の中で暮らしている．離別後の親と子どもが置かれている社会環境の違いについて考慮する必要があると思われる．

　両親，子ども，司法等の専門家と，それぞれの判断基準が異なる場合，どこに判断の軸が置かれるのか．そのため，法的な規定だけではなく，バランスの取れた柔軟な運用体制が求められる．未だ社会の様々なところに性別役割分業型システムが影響を与えている東アジアの家族主義福祉国家体制の諸国では，家族変化が早く進む北欧を始め欧米とは異なる配慮が必要と考えられる．

　しかしながら，日本と同様に性別役割分業を基盤として東アジアの家族主義福祉国家として位置づけられる韓国や台湾では，既に離別後の未成年子に対する共同親権制度が20年以上前から取り入れられている．日本を含む東アジア諸国は，ヨーロッパ諸国に対して，「東アジア・モデル」や「東アジア・レジーム」など，東アジア諸国として同質的として一括りにされがちである．東アジア諸国間には歴史や文化的背景，経済の発達段階など様々な違いがあり，近代社会化のスピードもそれぞれ異なっている．本書は東アジア諸国間での比較研究によりその違いを押さえることから，日本における離別後の共同親権および共同養育実現に際しての課題と留意点について明らかにしようとするものである．

2　東アジアの「圧縮された近代」と「家族主義福祉国家体制」

　東アジア社会の社会福祉政策における共通課題として「家族主義」（"familialism"）がある．E. アンデルセンによる福祉国家のレジームでは，日本は「家族主義」（familialism）に分類される［Andersen 1997］．

　スウェーデンなど北欧諸国の特長として脱家族化があげられる．脱家族化と

は，「個人の家族への依存を減らす政策．家族や夫婦の間での相互依存から独立して，個人が経済的資源を最大限自由に使えるようにする政策」である [Andersen 1999 : 45].

　北欧の福祉国家モデルと比較すると，日本や韓国など東アジアの福祉国家では，家族の性別役割分業に基づく福祉国家体制下にある．そのため，子どもの世話や親の介護などの福祉的ケアが家族に委ねられることにより，家族形成自体が個人にとって負担となりやすくなる．韓国では，1997 年からのアジア金融危機による，更なる若者の雇用不安などを背景に起きている未婚化や出生率の著しい低下「極低出生率」（ultra low fertility）は，経済のグローバル化による近代化の進行の速さである「圧縮された近代」（compressed modernity）によってもたらされた「個人主義なき個人化」や「リスク回避的個人化」とも呼ばれる [Chang 2013].

　このアジアの家族主義福祉国家体制と出生率低下の背景には，福祉の供給源が家族内での性別役割分業による標準家族が前提となっているため，2011 年の OECD 加盟国及び台湾の合計特殊出生率と女性の労働力率との関係は大変相関が見られる（図1 - 4）．日本，韓国と台湾はいずれも女性の労働力率も低く，合計特殊出生率（Total Fertility Rate）も低い左下に位置している．イタリアやスペインなど家族主義と位置付けられる他の国々も同様に，女性にとって子育てと労働が両立しにくい福祉国家の体制であることが示されている．

　「脱家族化」が進行した社会民主主義型の福祉国家である北欧諸国に比べると，性別役割分業型の家族主義福祉国家である日本や韓国，台湾は女性の就労率が低く出生率も低く東アジアの特徴が表れている．この特徴は家族主義福祉国家の福祉施策として「男性稼ぎ主型」の家族が強化された結果として，家族が義務と責任の制度となり結婚や出産を避ける「家族主義的個人化」でもある [落合 2011][11].

　しかし，このような人口変化の進行には同じ東アジア諸国間においても日本と他の国々とは速度に違いが見られる．人口置き換え水準で 20 年間安定していた日本と異なり，ほかの東アジア諸国においてはこのような安定期が見られず「第二の人口転換」に入ったことから，韓国の「圧縮された近代」（compressed modernity）に対し，日本は「半圧縮的近代」（semi-compressed modernity）

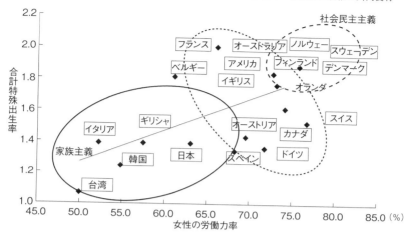

図 1-4 福祉国家体制と合計特殊出生率及び女性の労働力率との関係
（出所）OECD & 中華民国内政部 2011 データより．

とも位置づけられている[落合 2013a; 2013b; 2013c]．北欧の福祉国家の国々に対
して，東アジア諸国間においても，経済発展などの背景的な違いから，このよ
うに近代化の進行の速さも異なっている．

　武川は「東アジア・モデル」や「東アジア・レジーム」というように，東ア
ジア諸国が同質的として一括りにされるヨーロッパ中心主義（ユーロセントリズ
ム）な福祉国家観を問題視し，東アジア諸国間での比較の意義について指摘し
ている[武川 2006]．従来の欧米中心の福祉国家研究では，東アジア諸国は福祉
国家以前の段階とみなされ，家族による福祉に基盤を置く日本も先進国の中で
は例外的に遅れていると位置づけられている．今日の東アジア諸国における経
済成長に対する注目で，東アジア諸国の福祉も注目されるようになった．しか
し，その場合も文化本質主義として理解されてしまうエスノセントリズムの存
在がある．たとえば儒教主義とか儒教福祉国家といった捉えられ方などである
福祉オリエンタリズムに捕らわれた研究となりがちである[武川 2005]．しかし，
東アジア諸国間には，歴史や文化的背景，経済の発達段階など様々な違いがあ
り，近代社会が始まった時期もそれぞれ異なっている．東アジア諸国間での違
いを押さえることも必要であろう．

　スウェーデンは児童福祉領域において「子どもの最善の利益」の概念を世界に先駆けて導入している．「子どもの権利条約」の策定過程にも関与し，国連で条約が採択された翌年の 1990 年には批准している．その後も，子どもに関する法律や政策を「子どもの権利条約」の遵守や「子どもの最善の利益」の観点から改正・変更が進められた．特に，離別後の共同養育については，「子どもの権利条約」批准以前から親子法の第 6 章において子どもの権利として明確に位置付けられており，条約批准以降も数回にわたり改正が行われている．現在，スウェーデンでは共同養育が原則とされ，離別後も法律婚カップル，事実婚カップルの 9 割以上が共同養育となっている．

　スウェーデンでは子どもの権利条約における「子どもの最善の利益」の在り方として，よほどの深刻な理由がない限り，離別後の共同養育の判決が主流である．地方裁判所の養育訴訟の判決事例の中には，父親から母親への暴力がある DV 事例においても，刑事裁判で認定されない限り，養育裁判では父親の母親への暴力は検討されず，むしろ離別後もできるだけ父子関係を親密に維持することが「子どもの最善の利益」と受け止められている．養育規定上からも，子どもと同居中の母親には子どもを父親と合わせる義務が課せられる［善積 2013］．

　スウェーデンなど，子どもの世話や親の介護など福祉的ケアの「脱家族化」が進んだ北欧の社会民主主義の福祉国家においても，共同親権や共同養育の運用についてはいくつかの課題が窺われる［山西 2014］．まず，「子どもの最善」といっても，「子どもの意思」の把握は，子どもの年齢や成熟度により判断が難しいことに加え，親の影響もはかりにくい．子どもはできるだけ別居親と面会した方が良いという価値判断が前提にされることである．

　また，共同養育が原則とされるため，単独親権を請求する基準が曖昧になり，前述のような DV 被害での離婚のケースの共同養育などに影響を残すことである．さらに，実際の養育権の行使においても，子どもと実際に接触のない別居の親であっても，養育者としてすべての権利と義務に関与するため，子どもの同居親が別居親の意向に振り回されやすくなることである．

　そして，訴訟の場における「子どもの最善」の中身が構築されることである．実際の訴訟では親の権利の視点から論じられることも多い．幼い子ども自身が

訴訟を起こせないという限界があり，「子どもの最善」の名のもとに，実際に訴訟の場で論じられる内容が本当に子どもにとっての最善なことであるのか確認する必要がある．

　介護はもとより子育てなど福祉的ケアの「脱家族化」が進み，家族間の相互依存性が低く，「子どもの最善」への取り組みが進んでいるとされるスウェーデンにおいてもこのような課題が残されている．これに対して，家族主義福祉国家である日本，韓国，台湾など東アジア諸国では，家族間の依存度が高く，福祉的ケア，特に子育ては母親が主に担い父親が行う割合が低いのが現状である．しかし，同じ東アジアの家族主義福祉国家であり，福祉オリエンタリズムにとらわれ「東アジア・レジーム」と括られがちなこれらの 3 カ国においても，離別後の未成年子の親権制度は異なっている．

　日本は離別後の未成年子の親権は単独親権制であり，母親が子育てを担っていることが反映され，子どもの利益として「監護の継続性・安定性」が重要視された結果，母親が親権者になることが多い．しかし，韓国では 1990 年より，台湾でも 1996 年より，両国とも民法の改正により 20 年以上前から離別後の共同親権が選択可能となっている．

　経済のグローバル化がもたらした「圧縮的近代」と呼ばれる非常に短期間での近代化の進行により，韓国や台湾では，離別後の共同養育が「子どもの最善」とされるグローバルな理念を，日本よりずっと早く取り入れている．しかし家族に福祉的ケアの負担が，特に母親が子育てを担うことが一般的であるこれらの国において，離別後の共同親権が両親の協力のもとに円滑に行われているのだろうか．理念が先行して現実との間に何らかのひずみが生じていないのだろうかということも懸念される．

　日本でも，「子どもの権利条約」の批准や「ハーグ条約」への加盟など国際的な影響を背景に，両親離別後の未成年子の共同養育については啓発を行っているところであるが，DV や児童虐待事例への対応など先行している国々の課題もあり，両親離別後の共同親権導入については慎重な審議が継続している．

3　福祉国家の体制と離別後の共同養育

　現代の福祉国家は初期の段階では家族主義を前提としたが，女性の雇用が急増した 1970 年代以降，北欧諸国は徐々に社会の「脱家族化」が進んだ［Esping-Andersen 2008］．本来，日本においても，北欧のように福祉負担の「脱家族化」が図られる必要があったにもかかわらず，北欧諸国が「脱家族化」を目指した時期に，日本では「近代の伝統化」，つまり家族が介護や子育てなど福祉的役割を期待される「日本型福祉社会」を建設する「家族主義的改革」がなされた［落合 2015］．正に自己オリエンタリズムとしての「近代の伝統化」が図られた［落合 2013c］．

　日本での福祉における「家族主義的改革」は，北欧諸国では介護はもとより子育てなど福祉的ケアが脱家族化していく時期に，逆行するように性別役割分業を前提とした家族に福祉的ケアが課される制度改革が行われている．このことが，本書のテーマである離別後の子どもの養育においてどのように反映されているのか，また，同じ東アジアの家族主義福祉国家である日本と，韓国や台湾とでは，離別後の共同親権制度の有無に伴い影響が異なってくると考えられる．

　スウェーデンでは，1990 年に世界に先駆けて国連の「子どもの権利条約」を批准し，この条約批准以前からも離別後の共同養育が基本原則となっていたが，さらに「子どもの最善の利益」を優先とするように法律改正が行われ，共同親権が積極的に実践されている．その結果，スウェーデンでは共同養育が原則とされ，離別後も法律婚カップル，事実婚カップルの 9 割以上が共同養育となっていることが報告されている［善積 2013］．

　しかし，また同時に，ストックホルム大学法学科シラツキー教授によって以下の問題点が挙げられていることも紹介されている．① 共同養育が原則とされているため，単独親権を請求する基準が曖昧になり，DV 被害での離婚ケースにおける共同養育に影響を残している．② 子どもの意思を尊重することは，親からの圧力による子どもの親への気遣いなど，かえって子どもを親のトラブルに巻き込んでしまうことである．③ 共同養育のもとでは，実際の養育権の

行使が，子どもと実際に接触のない別居親であっても養育権者としてのすべての権利と義務に関与するため，別居親はその意向に左右されやすくなる［善積 2013］．このように離別後の共同親権について 40 年以上に渡り法改正を繰り返してきたスウェーデンでも，その実施においては課題が示されている．

　離別後の子どもに対して単独親権制下の日本においても，両親が離別時の子どもの監護については子どもの利益を優先することは前提であったが，明文化されていなかったために実際には明確に決められないことが多かった．そのため，「子どもの権利条約」を受けて，2011（平成 23）年，民法の一部を改正する法律が成立した．子どもの親権に関する諸規定に「子の利益」の観点が明確化されたことに加え，第 766 条離婚の際の子どもの監護に必要なことに関し，「父又は母と子との面会及びその他の交流」（面会交流）及び「子の監護に要する費用の分担」が明示されることになった．さらに，子どもの監護について必要な事項を定めるに当たって「子の利益を最も優先して考慮しなければならない」と子どもの権利条約における「子どもの最善の利益」も取り入れられた．

　さらに，両親離婚後の親権をめぐる社会の関心が高まる中，法務省は 2019（令和元）年 9 月 27 日，家族法分野における離別後も父母双方が子どもの親権を持つ「共同親権」制度の是非をめぐる研究会を立ち上げた[12]．2021（令和 3）年 3 月には，父母の離別後の子の養育の在り方を中心とする諸課題について報告書が発行された［商事法務研究会[13] 2021］．

　離別後の子どもの親権については，「子どもの最善の利益」を最優先として慎重に検討が進められているが，令和 4 年 2 月現在，離別後も単独親権制である[14]．現在も「監護の継続性・安定性」を背景に，未成年子を持つ夫婦の離婚の 8 割以上で母親が全児の親権を持つ一方で，養育費の継続した受給率は低く，母子家庭の貧困率の高さの問題が継続している．

　一方，日本と同様，東アジアの家族主義福祉国家である韓国や台湾では，既に離別後に共同親権が取り入れられている．韓国では，離婚後の親権については，単独親権と共同親権のいずれかを選択することができる．この離婚後の共同親権は，1990 年の民法改正時に設けられた 909 条第 4 項[15]に父母の協議によって親権者を定めることが出来るようになったことと，日本のように単独親権の条文が無い上，「子どもの最善の利益」の観点から諸外国の趨勢より理論

上可能になったというものである．また，面会交流を，子どもを直接養育しない親の権利とすることも同時に明文化（民法837条2[16]）されたことによって実質共同親権，共同養育が可能となった[金 2014]．

　台湾では，1996年の中華民国民法改正により，婚姻関係存続中及び離婚後の父親優先の原則が削除され，離別後の親権についても法的に男女平等が実現した．未成年子の子に対する権利義務の行使又は負担は，夫婦の協議により，一方または双方がこれに任じ，協議不成立の時は，裁判所が，夫婦の一方，主管機関，福祉団体，その他の利害関係者の請求によるか，または職権により，決定することができる（民法1055条第1項）．台湾の親権は世界的潮流に合わせて，「家のため」から「親のため」を経て「子のため」へと立法目的が変わってきたこと，そして，家庭内の「弱者」である未成年の子を保護するために，裁判所などの公的機関および社会福祉団体による積極的介入が期待されるようになり，「子どもの最善」は台湾親権法の最大の特徴になったとされる[黄 2014]．しかしながら，法務省による判断基準には，子どもの年齢も含まれ，現状維持原則により幼い子の親権を母親に決める原則があることは日本と共通している[山西・周 2018]．

　韓国や台湾での調査研究での調査研究を通じて，離別後の親権についての家族主義の影響として以下の問題を指摘したい．1点目は司法制度的課題である．子育てなど福祉的ケアにおける性別役割分業を前提としている家族主義福祉国家では，離婚に至る以前の家族生活での父親の子育てへの関与が少ないことが多い．裁判所での専門的な知識をもとに，両親が共同養育についてビデオや資料などで情報提供や教育を受けたとしても，両親にとっても離婚に直面して突然，共同親権が「子どもの最善の利益」として推奨されることへの戸惑いがあるだろう．また，子育ては母親の責任とされる家族主義の社会の中で，子どもの利益のための共同養育として，父親が養育費の支払いや面会交流に対する責任感をいかに自覚することができるのかという問題がある．

　離婚調停など司法の場で，自分たちが暮らしている社会生活と異なるグローバルな法理念をいきなり持ち出され，制限された時間の中で落ち着いて自分たち親子にとっての最善の結論を導くことは難しいと思われる．このような情報や啓発は，離婚当事者になる以前に，例えば結婚する前に学校教育などを通じ，

将来のライフプランを考える中で結婚や親になることと同時に離婚も含め，その意義と責任を学ぶ機会を提供される必要があるのではないだろうか．

　2点目は，共同親権や共同養育が必ずしも子どもの最善の利益にならない場合があることである．子どものためと思って共同親権を選択しても，離別後父親が再婚し連絡が取れなくなるケースが調査では複数あった．共同親権の場合の，両親の承諾が必要な手続きの内容が国によって異なるが，預金口座の通帳の作成や病院の受診など日常生活であまり細かく規定されると，子どもの日々の生活にも支障が生じる．子どものもう一方の親が，新しい家族が出来たことにより，自分の前の家族で出来た子どもに関して連絡を取られたくないと思うこと自体が，子どもに親からの「見捨てられ感」を抱かせることになり，傷つくことが懸念される．

　共同親権であっても，家族主義福祉国家では母親が子どもの監護者になることが多く，結果的には別に住む父親との連絡やその意向に振り回される．しかも，もともと希薄であった父親との関係から，父親との面会交流を嫌がる子どもが病気になった事例では，子どもの看病のために母親が正規の仕事を辞めることになり，減収になった．共同親権や共同養育が「子どもの最善の利益」であるということがグローバルな理念であっても，当該家族の暮らす国の実情やその家族の事情に添った両親離別後の子どもの親権や養育の選択を支えることの方が必要なのではないかと考える．

　両親の離別後も，子どもが両親と一緒に過ごす時間が確保され，親に愛されていることを実感しながら育つことは，「子どもの最善の利益」として子どもの健全な発達や成長には望まれることであろう．しかし，導かれるべきことは，当事者であるその子どもにとっての「最善の利益」であって，双方の親の利害や都合によるものや，グローバルな法理念にただ合わせたものであっては決してならない．

　日本では，1980年代前後より，「日本型福祉社会の創造」が目指され，家族による自立自助や地域での相互扶助が強調された．家族のことは家族で解決することが政策的にも求められてきたため，今でも離婚に際して家族外にSOSが出しにくい．しかも，ほとんどの人にとって，離婚は初めての経験であり，未成年子を伴う離婚に際して必要な子どもの権利条約への認識やそれに準じた

国内法改正などの実情など，国内でも必要になってきた知識や配慮などに対する心構えが整わない.

　夫婦関係や親子関係など個別の家族問題や様々な葛藤を抱えているにもかかわらず，共同養育は「子どもの最善の利益」という世界的に趨勢な法理念をただ押し付けることにもなりかねない. このような立場に置かれた当事者は「科学に基づく決定に異議を唱えることは不可能であるかのごとき状況」に戸惑いを感じる[小林 2010]. 当事者の暮らす社会生活の現状とは異なる次元から行われる，司法科学的知識による専門家からの一方通行的な伝達システムには，戸惑う親子を支援する社会資源の不足という当事者を取り囲む社会構造上の問題も含まれる.

　一般市民の理解の欠如を非難する「欠如モデル」ではなく，裁判所や弁護士など司法の専門家に対し，当事者である親や子どもの要望や権利のアドボケイトの仕組みも不可欠であろう. 問題に直面した当事者が主権者であることを前提として，親子が納得のいく判断にたどり着けるような支援体制こそ求められるだろう.

　家族主義福祉国家における離別後の子どもの親権や養育について，上記課題を踏まえ，東アジアの家族主義福祉国家間の比較として，すでに離別後に共同親権が選択可能な韓国と台湾の現状を通じ，日本への共同親権・共同養育導入に対する課題について考えていきたい.

注
1）「父母の離婚後の子の養育に関する海外法制調査結果」（令和 2 年 4 月　法務省民事局）.
2）【離婚等請求事件】平成 29 年 7 月 12 日／最高裁判所決定／平成 29 年（受）810 号／不受理.
3）【人身保護請求事件】平成 30 年 7 月 17 日／名古屋高等裁判所／民事第 4 部／判決／平成 30 年（人ナ）4 号.
4）国民生活基礎調査では，相対的貧困率は，3 年ごとに行われる調査客体が多い大規模調査年でのみ集計される.
5）OECD の所得定義の新基準（可処分所得の算出に用いる拠出金の中に，新たに自動車税等及び企業年金を追加）に基づき算出した「相対的貧困率」では，子どもの「貧困率」が 14.0%，「大人が一人の世帯」の貧困率は 48.3% となる.
6）離婚前の子どもの養育に関する取り決めを促すための効果的な取組に関する調査研究

事業報告書.

7）厚生労働省『人口動態調査　人口動態統計　確定数　婚姻　［上巻］』（夫妻の国籍別にみた年次別婚姻件数・百分率）より.

8）厚生労働省『令和2年人口動態統計上巻　離婚』（第10.13表　夫妻の国籍別にみた年次別離婚件数及び百分率）より.

9）平成28年社会生活基本調査結果では，6歳未満の子どもを持つ夫の週全体での育児時間は49分である.

10）ハーグ条約（国際的な子の奪取の民事上の側面に関する条約）の実施状況 2021年11月1日外務省領事局ハーグ条約室.

11）2019年のOECD加盟国データで同様の分析を行ったところ，2011年OECDデータでは家族主義福祉国家群に布置した日本は，2019年の合計特殊出生率は1.4と2011年1.39と殆ど変わらないが，女性の労働力率が63.04％から71.0％に上がった．韓国やギリシャなどがさらに労働力率が下がったり低出生率になったりしたため，他の家族主義国家群からは離れた．しかし，平成28年社会生活基本調査結果より，夫の一週間の家事関連時間は2011（平成23）年1時間7分から2016（平成28）年1時間23分とあまり差がないことから，女性が仕事も家事育児も担う「新性別役割分業」が反映されていると考えられる.

12）2019年9月27日法務大臣閣議後の記者会見において，家族法制については見直しを求める様々な声があることから，公益社団法人商事法務研究会主催において，民事法の研究者，法律実務家を中心とした家族法制の在り方に関する研究会が発足することが報告された（法務省，2019年9月27日）.

13）この報告書では，父母の離婚にともなう養育に関する規律の在り方について，子の扶養や養育費，面会交流などに関する法的概念整理に加え，養育計画の作成や実効性の確保，子どもの意思の反映についてなどが検討されている.

14）法制審議会は2022（令和4）年2月1日，民法改正要綱案をまとめた．親子関係の「推定嫡出」に関して，認知制度について，懲戒権について挙げられており，法務省は年内改正を目指す．今回の民法改正案には，離別後の未成年子の親権制度については取り上げられていない.

15）韓国民法第4編第4章第3節親権第一款　総則　第909条④婚姻外の子が認知された場合及び父母が離婚する場合には，父母の協議により親権者を定めなければならず，協議することが出来ないとき，又は協議が調わないときは，法院は，職権で又は当事者の請求により親権者を定めなければならない．ただし，父母の協議が子の福祉に反するときは，家庭法院は，補正を命じ，又は職権で親権者を定める〈本項改正 2005.3.31，2007.12.21〉.

16）同第837条2①子を直接養育しない父母の一方と子は，互いに面会交流をする権利を有する.〈本項改正 2007.12.21〉［本条新設 1990.1.13］.

参考文献

〈欧文献〉

Chang, Kyung-Sup [2010] "Individualization without Individualism," *Journal of Intimate and Public Spheres*, (Pilot Issue)（柴田悠訳「個人主義なき個人化」, 落合恵美子編『親密圏と公共圏の再編成——アジア近代からの問い——』京都大学学術出版会, 2013 年）.

Esping-Andersen, G. [1997] "Hybrid or Unique? The Distinctiveness of the Japanese Welfare State," Journal of European Social Policy, 7(3).

————[1999] *Social Foundations of Postindustrial Economies*, Oxford : Oxford University Press（渡辺雅男・渡辺景子訳『ポスト工業経済の社会的基礎——市場・福祉国家・家族の政治経済学——』桜井書店, 2020 年）.

————[2008] *Trois Leçons sur L'ètat-Providence*, Paris: Seuil et République des Idées（京極髙宣監修『アンデルセン, 福祉を語る』, NTT 出版, 2008 年）.

〈邦文献〉

落合恵美子[2011]「個人化と家族主義」, ウルリッヒ・ベック他編『リスク化する日本社会』岩波書店.

————[2013a]「アジア近代における親密圏と公共圏の再編成——『圧縮された近代』と『家族主義』——」, 落合恵美子編『親密圏と公共圏の再編成』京都大学出版会.

————[2013b]「東アジアの低出生率と家族主義-半圧縮近代としての日本」, 落合恵美子編『親密圏と公共圏の再編成』京都大学出版会.

————[2013c]「近代世界の転換と家族変動の論理」『社会学評論』64（4）.

————[2015]「『日本型福祉レジーム』はなぜ家族主義のままなのか」『家族社会学研究』27（1）.

金亮完[2014]「アジア法——韓国」, 床谷文雄・本山敦編『親権法の比較研究』日本評論社.

黄浄愉[2014]「アジア法——台湾」, 床谷文雄・本山敦編『親権法の比較研究』日本評論社.

厚生省[1978]『厚生白書　昭和 53 年版』大蔵省印刷局.

厚生労働省[2015]「離婚前の子どもの養育に関する取り決めを促すための効果的な取組に関する調査研究事業報告書」厚生労働省.

————[2017]『平成 28 年度　全国ひとり親世帯等調査結果』厚生労働省.

————[2018]『平成 30 年　我が国の人口動態』厚生労働省.

小林傳司[2010]「社会の中の科学知とコミュニケーション」『科学哲学』43（2）.

商事法務研究会[2021]『家族法研究会報告書——父母の離婚後の子の養育の在り方を中心とする諸課題について——』商事法務.

武川正吾[2005]「福祉オリエンタリズムの終焉」, 武川正吾・キム ヨンミョン編『韓国の福祉国家・日本の福祉国家』東信堂.

―――[2006]「比較福祉国家研究における日韓比較の意義」，武川正吾・李惠炅編『福祉レジームの日韓比較――社会保障・ジェンダー・労働市場――』東京大学出版会．

山西裕美[2014]「書評：善積京子著『離別と共同養育――スウェーデンの養育訴訟にみる「子どもの最善』世界思想社 ,2013 年」『ソシオロジ』58（3）．

山西裕美・伊藤良高・出川聖尚子[2012]「熊本市のひとり親家庭の現状と課題についての一考察――中学生の子を持つ母子家庭を中心に――」『社会福祉研究所報』（熊本学園大学），40．

―――[2013]「地方都市の中学生の子を持つひとり親家庭の福祉課題――ひとり親家庭の母子家庭における親子関係を規定する要因分析結果より――」『社会福祉研究所報』（熊本学園大学），41．

山西裕美・周典芳[2018]「離別後の親権についての日台比較研究――制度の視点からの一考察」『社会関係研究』（熊本学園大学），23（1）．

善積京子[2013]『離別と共同養育――スウェーデンの養育訴訟にみる「子どもの最善」――』世界思想社．

第 2 章

日本の離別後の共同養育

1　日本の子どものいる離別後の親権者の動向

　今日，離別後の子どもの親権や面会交流をめぐる家事事件が増加している．2016年10月，東京家裁は別居中の母親に月一回の当時7歳の娘との面会交流の約束を守らない父親に対し「一回の面会拒否で100万円」の支払いを命じる判決を出した．高裁では，30万円に減額されたが，離別後も子どもが両親と交流を持つことが重視された判決として注目された．また，同年3月には，千葉家裁が子どもの親権を巡って，別れた相手と子どもとの面会をより積極的に認める親の方が親権を持てるという判決を出し波紋を広げた．この件は翌年に東京高裁にて，年間100日の面会交流は子どもの日常生活への支障や身体への負担が生じる可能性があるとして，千葉家裁の判決は変更となり，最高裁で差し戻しされたため東京高裁の判決となった．しかし，いずれも離別後の子どもと親との交流が論点の一つとなり注目された裁判となった．

　少子化による子ども数の減少に伴い，日本でも親権を行わなければならない子，すなわち未成年の子どものいる離婚件数は2002年の17万4042件をピークに減少している（厚生労働省　人口動態調査結果）．しかし，離婚総数に占める未成年子のいる離婚件数が占める割合は1950年以降ずっと6割前後を占め，2019年も全体の離婚件数20万8496件のうち親権を行う子どものいる離婚件数は11万8664件（56.9%）と約6割を占める．未成年子全体に占める親が離婚した未成年子の割合も，1950年の2.12から大きく増加したまま2019年には9.95と高止まりしている（図2-1）．少子化であっても，両親の離婚を経験する子どもが一定割合を占めることには変わりはない．

　また，親権を行う子どものいる離婚件数と親権者割合の年次推移では，1950年の総数4万7984件では，「夫が全児の親権を行う」2万3376件（48.7%）の方が，「妻が全児の親権を行う」は1万9315件（40.3%）よりも多かった．しかし，1970（昭和55）年に「妻が全児の親権を行う」は2万8902件（51.0%）となり，「夫が全児の親権を行う」2万2805件（40.2%）より多くなり，その後も「妻が全児の親権を行う」が総数に占める割合は増加し続けている．

　2002年をピークに未成年子のいる離婚件数は減少し始めるが，2019（令和

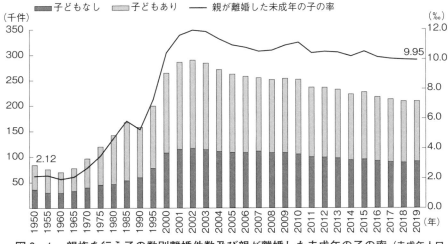

図2-1　親権を行う子の数別離婚件数及び親が離婚した未成年の子の率（未成年人口千対）

（出所）厚生労働省，人口動態調査より筆者作成.

元）年の総数 11 万 8664 件のうち，「妻が全児の親権を行う」が 10 万 242 件（子のいる離婚件数の 84.5%），「夫が全児の親権を行う」が 1 万 4156 件（同11.9%），「その他（夫妻が分け合って親権を行う）」4266 件（同 3.6%）であった.2003 年から 2019 年までの 17 年間，「妻が全児の親権を行う」は継続して 8 割以上となっている（図2-2）.

　未成年子がいる夫婦が離婚する際の離別後の親権について，日本では民法第819 条において「1　父母が協議上の離婚をするときは，その協議で，その一方を親権者と定めなければならない」「2　裁判上の離婚の場合には，裁判所は，父母の一方を親権者と定める」として，協議離婚の場合も，裁判所での離婚の際でもいずれの場合でも単独親権制である.

　明治民法では，親権は未成年でも成人になっても原則父親が持ち，母親が親権を持つことは父が死亡するなどの稀な場合であった．離婚後も母親が監護者にはなりえても，父親の単独親権であった（明治民法 812 条）．第二次世界大戦後，個人の尊厳と両性の本質的平等（憲法 24 条，民法 2 条）が民法の基本原理となり，家制度が廃止され，1947（昭和 22）年に親権をめぐっても大きく転換し

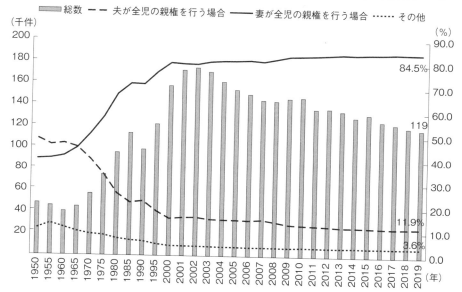

図 2 - 2　親権を行う者別にみた離婚件数及び親が離婚をした未成年の子の数の年次推移——昭和 25～令和元年

（出所）厚生労働省，人口動態調査より筆者作成.

た．親権の位置づけは「子どものための親権」となり，婚姻中は父母が共同して行うとの原則が採用された．

　しかし，実際には 60 年代までは，子どもを家の跡継ぎとする家制度的な意識も残っており，また離婚後に母親が子どもを抱えて働くことや再婚することは難しかった当時の状況もある．また，父親が親権を主張する場合は，調停を成立させるためには母親が監護者にということも一般的にみられることだった．しかし，その後の核家族化と性別役割分業の浸透に伴い，子育ては母親の仕事となり，また乳幼児への母親の愛情と世話が重要という愛着理論による「三歳児神話」などの影響もあり「母性優先原則」が定着し，母親が親権者になる割合が増えていった．

　その後，アメリカでは母性優先の原則はアメリカ合衆国憲法の平等保護条項違反であるとの判決が現れるようになり，「子の最善の利益」基準が採用されるようになった．日本でも 1980 年代頃より，父親側に祖母や父親の姉妹など，

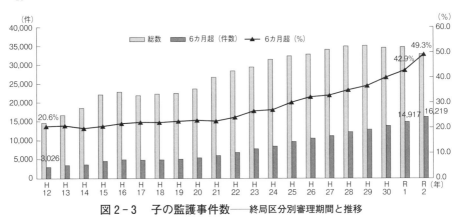

図2-3 子の監護事件数──終局区分別審理期間と推移

(出所）裁判所「司法統計」より.

監護の補助者がいる場合が考慮されるようになった．しかし，今なお共働きで
も子どもが生まれてからの「主たる監護者」が母親であることが多いことから，
母親が親権者になる場合が8割以上を占めている［榊原・池田 2017］.

　現在も未成年子を持つ離婚の場合，母親が8割以上全児の親権を持つ一方で，
両親の離婚に伴い，未成年子の離婚後の面会交流，養育費や親権を巡って家庭
裁判所で調停や審判の件数が増えているだけでなく長期化している[裁判所
2021]．全家庭裁判所における子どもの監護事件のうち審理期間が6カ月を超
える件数の占める割合は，2000（平成12）年度には総数1万4711件に対して
3026件（20.6%）であったが，2019（令和元）年度には総数3万4785件に対し
て1万4917件（42.9%）と2倍に伸びている（図2-3）.

　子どもの監護事件とは，「子の監護に関する処分」（民法766条）にある①監
護者の指定，②養育費，③面会交流，④子の引き渡しの四つの請求事件があ
る．日本社会全体での少子化で子ども数の減少にもかかわらず，子どもの監護
に関する事件の総数は増えてきている．最も件数が多いのは養育費や扶養料の
支払い事件であるが，近年急速に数が増えてきているのが面会交流に関する事
件と監護者の指定に関する事件である．面会交流に関する事件は，2000（平成
12）年度には2180件であったが，2019（令和元）年度には1万2034件と約6倍
に，監護者の指定に関する事件も同期間に490件から3511件と7倍に増えて

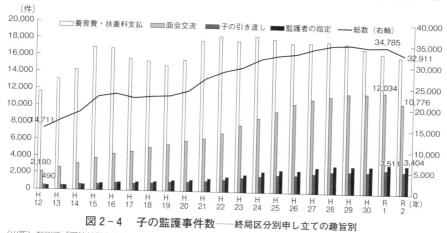

図2-4　子の監護事件数──終局区分別申し立ての趣旨別

（出所）裁判所「司法統計」より．

いることが分かる（図2-4[2]）．

　増えてきている背景としては以下の六点が指摘されている．第一は，少子化などの人口構造の変化である．少子化を背景に，既に父母自身が一人っ子同士であるなども起こっており，離婚の際に父母間だけでなく，子どもの父母双方の祖父母が孫を奪い合うことになりやすくなっている．第二に，祖父母世代が経済力も体力も現役で，孫を育てることが十分可能な上に，孫が自分たちの生きがいの対象になる．監護事件の当事者でなくても，調停や裁判に関わってくることにより争いが激化しやすい．第三に，父親の意識の変化である．父親の育児参加も少しずつ増える中，父親がこれまでよりも子どもを生きがいとするようになってきている．第四に，裁判や調停の変化である．これまでの三歳児神話など愛着理論と異なり，今日の裁判では極端な「母親優先原則」は少なくなった．そのため，親権の獲得など，父親も主張するようになったことがある．五点目に，家事事件手続法の成立とネットによる情報の普及である．2013（平成25）年に家事事件手続法が施行され，調停や審判の手続きや流れが分かりやすくなったことに加え，家裁のホームページ情報も詳しくかつアクセスがしやすくなり，申し立てに必要な書式がネットで手に入るようになった．手続きが容易になり，申し立てが増えた．第六に，当事者を支援するシステムの弱さである．争いが増えているが，早期の段階で迅速に父母が話し合っていくための

制度や支援が整っていないため，家庭裁判所に持ち込まれる段階では，すでに父母の関係を調整するのが困難になりやすいことである．少子高齢化の人口構造を始め，司法側の対応の変化や親の意識の変化など，様々な社会構造の変化から，子どもの監護事件をめぐる争いが激しくなっていることが示されている［榊原・池田 2017］．

　さらに，グローバル化に伴う日本の国内外での国際結婚による国際離婚の増加により，日本としても離別後も共同親権制度をもつ国々との関係における課題が生じてきており，また個々の国際離婚のケースでも当事者間においても，日本の国内外で離別後の親権制度が異なるため，様々な混乱が生じてきている．特に，日本が「国際的な子の奪取の民事上の側面に関する条約」（1980 年 10 月 25 日作成，以下ハーグ条約[3]）に加盟し，2014（平成 26）年 4 月 1 日より発効するようになって以来，日本国外での離婚に対しては，その国で決まった内容が離別後も共同親権の場合は，日本も加盟国である相手国からの要求に応じて共同親権への対応が求められるようになった．

　「国際的な子の奪取の民事上の側面に関する条約」とは，グローバルな人口移動による国際結婚および離婚の増加に伴い増えている子どもの連れ去りや監護権をめぐる争いへの対応のため，国際私法の統一を目指すハーグ国際私法会議（HCCH オランダ・1893 年設立）が，作成したものである．2021（令和 3）年 11 月 1 日現在で世界 101 カ国が締結している（「ハーグ条約実施状況」外務省領事局ハーグ条約室[4]）．

　日本では第 183 回通常国会において 2013 年 5 月 22 日にハーグ条約の締結が承認され，2013 年 6 月に「国際的な子の奪取の民事上の側面に関する条約の実施に関する法律」（平成二十五年六月十九日法律第四十八号）が成立，条約および実施法の承認・成立を受けて，2014（平成 26）年 1 月 24 日，日本は条約への署名，締結，公布にかかる閣議決定を行うとともに，条約に署名を行った上で，オランダ外務省に受諾書を寄託し 2014（平成 26）年 4 月 1 日に発行した[5]．

　ハーグ条約における子の返還手続きは，中央当局である外務大臣への援助申請と，裁判所への子の返還あるいは面会交流の申し立てである．16 歳未満の子どもの監護権を持つ親が，子どもが元居住していた国から，その国の中央当局に子どもの所在の特定や任意の返還促進など，返還手続きに関する援助の申

請をする．連れ去られた子どもが現に所在する国の中央当局は提出された申請書類を審査し，子どもの所在を特定し，連れ去った親と当事者間での協議など裁判外紛争解決手続き（ADR）を通じた任意の返還を促し，問題の解決をはかる．子どもの返還可否については裁判所による判断が行われるが，連れ去った親が任意での返還に応じない場合には，連れ去られた親が連れ去った親がいる国の裁判所に子どもの返還について裁判を起こす事ができる．裁判所では子の安全な返還へと手続きを進めるが，裁判所は原則として連れ去った親に対して，子どもが元居住していた国への返還命令を発することになる[6]．なお，申し立ては東京家庭裁判所と大阪家庭裁判所に対してである．

　日本で発生した国際結婚の件数は，2016（平成18）年まで増加傾向にあり，4万4701件婚姻数全体の6.1％であったが，その後は減少に転じ，2019（令和元）年は2万1919件で，婚姻全体の3.7％である（人口動態統計確定数　夫妻の国籍別にみた年次別婚姻件数より）．2002（平成14）年より日本での離婚総数が減少している中で，夫妻の一方が外国人の占める割合はむしろ高止まりしている．日本国内での国際結婚自体が減少傾向である一方，国際離婚の占める割合は増加しているといえる（図2-5）．

　このように日本国内においても国際離婚が増える中で，外国人の夫や妻にとって未成年子がいる場合の国際離婚では，日本国内と出身国での離別後の親権制度におけるダブル・スタンダードが混乱を招きやすいと思われる．

　さらに，ハーグ条約は必ずしも国際結婚のみが対象になるわけではない．日本人同士の場合でも，国外の離婚で国境を越えて子どもが連れ去られる場合，連れ去られた元の国と連れ去られた先の国が条約に加盟している場合に適用される．そのため，日本人同士の離婚の場合は，国内の単独親権制度と異なる外国での共同親権制度のルールに馴染みが薄く，連れ去りも発生しやすい可能性がある．

　ハーグ条約が日本において発効した2014（平成26）年度から2020（令和2）年度までの過去7年間の実施状況を見ると，実施初年度は外務大臣への子の返還および面会交流の援助申請件数総数は113件で，過去7年間のうち申請件数が一番多かった．申請の内訳でも，「日本国面会交流」（日本国内に所在する子との面会交流の申請）が55件，次いで「外国援助申請」（日本にいる子の外国への返還

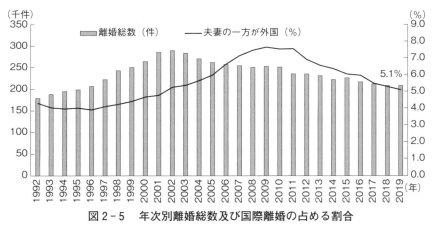

（千件）
離婚総数（件）　　夫妻の一方が外国（％）

図2-5　年次別離婚総数及び国際離婚の占める割合

（出所）人口動態統計.

援助申請）が26件と，日本国内の子どもに対する面会交流や返還援助申請が多かった．その後はどの申請内訳件数も減少傾向である（図2-6）．

　この2014年から2021年度11月までの申請状況では，返還援助申請のうち，「日本に所在する子に関する申請」162件，うち援助決定143件，「外国に所在する子に関する申請」135件，うち援助決定120件であった．また，面会交流援助申請では，「日本に所在する子に関する申請」126件，うち援助決定109件，「外国に所在する子に関する申請」38件，うち援助決定36件であった．返還援助申請件数も，面会交流援助申請件数も，いずれも日本に所在する子どもに関する援助申請件数の方が多く，特に面会交流援助申請件数が国外からの申請の方がかなり多く寄せられていることが分かる（ハーグ条約「国際的な子の奪取の民事上の側面に関する条約」の実施状況2021年11月1日外務省領事局ハーグ条約室）．このことは，日本人にとって日本国内での離別後の単独親権制と，国外での離別後の共同親権や共同養育など離別後の未成年子の親権や養育についての制度の違いすなわち"ダブル・スタンダード"がもたらした混乱の影響が反映されているとも受け取れる．

　日本の裁判所による子どもの常居所地国への返還という判決にも拘らず国内の親が判決に従わない執行不能ケースを抱えるため，アメリカ国務省は2018年4月の報告書で日本を「条約不履行国」へ指定した〔US Department of State

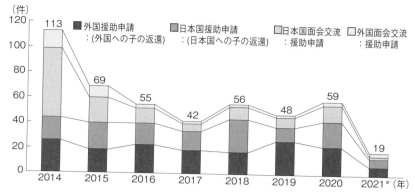

図 2－6　ハーグ条約（国際的な子の奪取の民事上の側面に関する条約）の実施状況
（注）*2021 年 11 月 1 日時点.
（出所）外務省領事局ハーグ条約室（2021 年 11 月 1 日）.

2018]. これを受けて，日本は子の引渡しの強制執行方法の見直しを図り，実効性を高める内容の法案を 2019 年 5 月第 189 回国会に提出し成立した[7]. この日本での強制執行の実現性を高めるハーグ条約実施法の改正法の成立や，2018年中にハーグ条約に関する子どもの連れ去り事件 4 件が解決したことは，アメリカ国務省の報告書にも記述されている[US Department of State 2019].

　国際的圧力もあり，今回の民事執行法改正によって国内事件での子どもの引き渡しに対する強制執行がより有効になった. 強制執行の明確なルールが作られ，迅速な引き渡しへとつながることが期待されている.

　今回の改正により，子の返還を求める裁判所の決定を執行する際に，間接強制では返還の見込みがあるとは認められない場合や，子どもの差し迫った危険を防止するために必要がある場合など一定の条件の下では，間接強制を経ずに執行官による代替執行が可能となった. また，引き渡しに際しても，連れ去った親がいなくても引き渡しを求める親が現場に同席していれば，学校，幼稚園，保育所等においても代替執行が可能になったことに加え，子どもの自宅であれば連れ去った親の同意がなくても，裁判所の許可のもとに代替執行が可能となった. 場合によっては大人の都合による手続き上迅速な引き渡しが強制されることと子の心身への配慮が両立できるのか，「子どもの最善の利益」が守られるべき子ども自身の当事者性の確保が課題となる.

　この民事執行法改正及びこれに準じるハーグ条約実施法の改正によって，いずれの場合においても，子どもの引き渡しにおける裁判所決定の強制執行の方法が明確に規定され，実効性が高まることとなった．ハーグ条約加盟国として，今後もグローバル・スタンダードへの対応のため，国内法も変革されていくことになるだろう．

　西欧社会の近代化に対し，日本は「半圧縮的近代」（"semi-compressed moderni-ty"）と指摘され［Chang 2010; 落合 2013］，緩やかに近代化が進行した日本では，未だ性別役割分業を組み込んだ社会の在り方が人々の社会生活に様々な影響を与えていると考えられる．

　離別後の親権制度が国内外で異なるだけでなく，離別後の養育における「子どもの最善の利益」をめぐる国内外への事件に対する司法の判断基準の違いは，両親の離別後の未成年子の親権者をめぐる“二重のダブル・スタンダード”にもなっている［山西 2018a; 2018b; 山西・周 2018］．グルーバル化の進行に伴い，日本人による国際結婚が増える中，国内外での未成年子を伴う日本人の国際離婚に際しては混乱する要因になるとも考えられる．

　援助申請件数は半数ほどに減少してきてはいるが，依然として多くの子どもたちが巻き込まれていることや，日本国内においても「子の監護事件」に関して裁判所への申し立て件数が増加傾向であることは，国内外での未成年子を伴う離婚においてむしろ子どもが巻き込まれる深刻なケースが増えていることを示しており，子どもたちが不安な日々を送っていることに変わりはない．

　両親双方の国のルールが異なることから，離婚だけでも子どもにとっては環境の変化が大きくストレスが強いものだと懸念されるが，さらに両親間の争いに巻き込まれることを考えても，離別後の親との関係に対し，子どもにとっての最善とは何なのか慎重な判断が求められていると言えよう．

2　日本の子どものいる場合の離婚に関する民法と判例について

　両親離別後の子どもの監護は，子どもの視点からなされるべきであり，子どもの利益が一番に優先されるべきである．2011（平成23）年，民法の一部を改正する法律が成立したが，この改正に大きな影響力を与えたのは，「児童の権

利に関する条約」（以下，子どもの権利条約）である．この条約は，1989（平成元）年に国連で採択され，日本は 1990 年（平成 2 年）9 月 21 日にこの条約に署名し，1994 年（平成 6 年）4 月 22 日に批准，1994（平成 6）年 5 月 22 日に日本で発効した．以下は，子どもの権利条約の中で両親離別後の子どもに関する部分の抜粋である[8]．

子どもの権利条約

7 条 1 項　児童は（中略）できる限りその父母を知りかつその父母によって養育される権利を有する．

9 条 3 項　締約国は，児童の最善の利益に反する場合を除くほか，父母の一方又は双方から分離されている児童が定期的に父母のいずれとも人的な関係及び直接の接触を維持する権利を尊重する．

12 条 1 項　締約国は，自己の意見を形成する能力のある児童がその児童に影響を及ぼすすべての事項について自由に自己の意見を表明する権利を確保する．この場合において，児童の意見は，その児童の年齢及び成熟度に従って相応に考慮されるものとする．

18 条　締約国は，児童の養育及び発達について父母が共同の責任を有するという原則についての認識を確保するために最善の努力を払う．父母又は場合により法廷保護者は，児童の養育及び発達についての第一義的な責任を有する．児童の最善の利益は，これらの者の基本的な関心事項となるものとする．

2 項　締約国は，この条約は定める権利を保障し及び促進するため，父母及び法廷保護者が児童の養育についての責任を遂行するに当たりこれらの者に対して適当な援助を与えるものとし，また，児童の養護のための施設，設備及び役務の提供の発展を確保する．

この条約では，子どもは父母に養育される権利を有し，養育の一次的な責任は父母に共同にあり，国は父母の養育責任遂行のための援助をするとしている．また，第 12 条第 1 項では，子どもの意見表明権に言及し，子どもを権利主体として位置づけていることが特長である．

2011（平成 23）年の「民法等の一部を改正する法律」（平成 23 年法律第 61 号）では，この子どもの権利条約を受けて，親権に関する諸規定に「子の利益」の

観点が明確化された．第一に，第820条親権の定義に「子の利益のため」の権利であり，義務であると明示され，第822条の懲戒権についても「必要な範囲内で」が「第820条の規定による監護及び教育に必要な範囲内で」に変わり，懲戒場に関する記述が削除された．

さらに，第766条離婚の際の子の監護に必要なことに関し，「父又は母と子との面会及びその他の交流」（面会交流）及び「子の監護に要する費用の分担」が明示されることになったことに加え，子の監護について必要な事項を定めるに当たって「子の利益を最も優先して考慮しなければならない」と子どもの権利条約における「児童の最善の利益」が取り入れられた．

なお，2011（平成23）年の民法改正では，親権の定義や面会交流等の明記などの変更だけでなく，以前からあった親権喪失の手続き（民法834条）に加え，親権停止制度（民法834条の2）を新設したことが大きな改正点となっている．

【2011（平成23）年民法改正での親権についての諸規定の変更点】

旧

（離婚後の子の監護に関する事項の定め等）

第766条　父母が協議上の離婚をするときは，子の監護をすべき者その他の監護について必要な事項は，その協議で定める．協議が整わないとき，又は協議をすることができないときは，家庭裁判所が，これを定める．

（監護及び教育の権利義務）

第820条　親権を行う者は，子の監護及び教育をする権利を有し，義務を負う．

第822条　親権を行う者は，必要な範囲内で自らその子を懲戒し，又は家庭裁判所の許可を得て，これを懲戒場に入れることができる．

新

（離婚後の子の監護に関する事項の定め等）

第766条　父母が協議上の離婚をするときは，子の監護をすべき者，父また母と子との面会及びその他の交流，子の監護に要する費用の分担その他の子の監護について必要な事項は，その協議で定める．この場合においては，子の利益を最も優先して考慮しなければならない．

（監護及び教育の権利義務）

図 2 - 7　離婚届けの子どもの監護についての父母による協議のチェック欄

父母が離婚するときは、面会交流や養育費の分担など子の監護に必要な事項についても父母の協議で定めることとされています。この場合には、子の利益を最も優先して考えなければならないこととされています。

・未成年の子がいる場合は、次の□のあてはまるものにしるしをつけてください。

□面会交流について取決めをしている。
□まだ決めていない。

> 面会交流：未成年の子と離れて暮らしている親が子と定期的、継続的に、会って話をしたり、一緒に遊んだり、電話や手紙などの方法で交流すること

・経済的に自立していない子（未成年の子に限られません）がいる場合は、次の□のあてはまるものにしるしをつけてください。

□養育費の分担について取決めをしている。
　取決め方法：（□公正証書　□それ以外）

> 養育費：経済的に自立していない子（例えば、アルバイト等による収入があっても該当する場合があります）の衣食住に必要な経費、教育費、医療費など。

□まだ決めていない。

　　　　　　　　　　このチェック欄についての法務省の解説動画

詳しくは、各市区町村の窓口において配布している「子どもの養育に関する合意書作成の手引きとQ＆A」をご覧ください。面会交流や養育費のほか、財産分与、年金分割等、離婚するときに考えておくべきことをまとめた情報を法務省ホームページ内にも掲載しています。

🔍 法務省　離婚　　　　　　法務省作成のパンフレット　　　

日本司法支援センター（法テラス）では、面会交流の取決めや養育費の分担など離婚をめぐる問題について、相談窓口等の情報を無料で提供しています。無料法律相談や弁護士費用等の立替えをご利用いただける場合もありますので、お問い合わせください。
【法テラス・サポートダイヤル】0570-078374　【公式ホームページ】https://www.houterasu.or.jp

　第 820 条　親権を行う者は、子の利益のために子の監護及び教育をする権利を有し、義務を負う.

　第 822 条　親権を行う者は、第 820 条の規定による監護及び教育に必要な範囲内でその子を懲戒することができる.

　　　　　　　　　　　　　　　　　　　　　　　　注）下線は筆者による.

　2011（平成 23）年の民法改正における離別後の親権についての主な改正ポイントは次の二点である. 第一に、面会交流及び養育費の分担の明文化である. これまでの面会交流や養育費の分担は、旧民法第 766 条第 1 項における「監護について必要な事項」に含まれると考えられてきたが、明文化されていなかったため、実際には明確に決められていなかったことがよくあった. そのため、この改正に基づき、父母が離婚をする場合に定める事項の例として、面会交流や、監護費用の分担（養育費）を明示する見直しが行われた.

　この改正の趣旨を周知するため離婚届用紙の様式が改定され、2012（平成 24）年 4 月 1 日より、協議離婚届けに養育費や面会交流についての協議のチェック欄が設けられ、両親への確認や周知等が図られている. このチェック

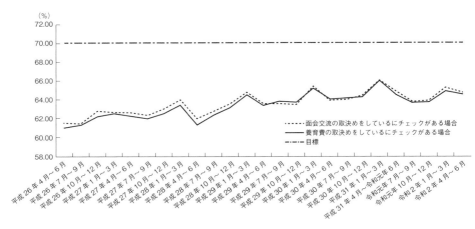

図 2 − 8　「未成年の子を有する父母の離婚」のうち「取決めをしている」にチェックしている者の割合の推移

（出所）法務省「離婚届のチェック欄の集計結果」より.

欄の内容は，2012（平成 24）年 4 月 1 日現在のものに比べ，現行の令和 3 年 9 月 1 日の離婚届けでは，面会交流や養育費についての説明が加えられ，さらなる情報提供として法務省の解説動画やパンフレットに関する QR コードも記載されている（図 2 − 7）[9].

　「すべての子どもの安心と希望の実現プロジェクト」（平成 27 年 12 月 21 日子どもの貧困対策会議決定）では，養育費の分担について「取決めをしている」の割合を 70％にすることが目標として定められている[10]. このチェック欄へのチェックは，義務ではなく任意であるが，面会交流も養育費も取り決めをしているにチェックのある割合は，ともに漸増しながら現在は 65％前後で推移している（図 2 − 8）[11]. しかし，このチェック欄への回答は自己申請であるので，面会交流や養育費の取り決め割合が 65％前後での推移は，ひとり親家庭調査結果での養育費の取り決めをしている割合（平成 28 年　母子世帯 42.9％，父子世帯 20.8％），面会交流（平成 28 年　母子世帯 24.1％，父子世帯 27.3％）とは大きく異なる［厚生労働省 2017］.

　では，離別後の両親による共同養育の必要性と子どもの利益の考慮に関する民法改正内容が，その後，裁判においてどのように反映されているだろうか.

主たる争点が離別後の子の親権をめぐる離婚請求訴訟の裁判例を通じて，日本での司法判断の現状を確認したい．最初の判例は，日本国内での両親の別居に際し，母親が未成年子を父親に無断で連れ去り，離婚と親権者の指定が争われたケースである．

【離婚等請求事件】平成 28 年 3 月 29 日/千葉家庭裁判所松戸支部判決/平成 24 年（家ホ）19 号

＊　未成年者の親権者を，約 5 年 10 カ月間未成年者を監護してきた母親ではなく，年間 100 日に及ぶ面会交流の計画を提案した父と定めた上で，離婚請求を認容した事例[12]．

【概要】母と父は婚姻して長女をもうけたが，夫婦仲が険悪となり，2010（平成 22）年 5 月 6 日，母が長女（当時 3 歳）を連れて自宅を出て別居状態となった．母は現在（裁判当時），実家近くのマンションで両親の援助を受けながら小学 2 年生になる長女と生活している．父は長女の監護者となるべく，2011（平成 23）年に子の監護者指定および子の引き渡し申立事件並びにこれらを本案とする審判前の保全処分を申し立て，母も子の監護者の指定事件を申し立てた．家庭裁判所は 2012（平成 24）年 2 月 28 日長女の監護者を母と定め，父の申し立てを却下した．父は，その後二度に渡り子の監護者変更の申立をしたが，いずれも却下された．

　　2012（平成 24）年，母は離婚および慰謝料の支払いと養育費の支払い，年金分割を求めた．また，親権者指定についても，自分を指定するべきと主張した．父は離婚請求を棄却し，予備的に親権者を自分に定めるべきと主張し，その場合の長女の引き渡しと母と長女の面会交流に関して年間 100 日に及ぶ面会交流の保証を申し出た．

　　判決は離婚を認めるとともに，親権者については，長女を連れ去ってから母親が約 5 年 10 カ月で 6 回程度の面会にしか応じず今後も月一回程度を希望するのに対し，父親は整った監護環境での監護の提示と共同養育計画案を提示し，母親と長女の年間 100 日の面会交流を認めたことにより，父親を親権者に指定することが相当であるとした．

【離婚等請求控訴事件】平成 29 年 1 月 26 日/東京高等裁判所判決/平成 28 年

（ネ）2453 号

* 母と年間 100 日間面会させるとした父親を長女の親権者とした一審判決を
変更して，主たる監護者である母をその親権者に指定した事例．
父の意に反して母が長女を連れて別居した行為は，当時すでに婚姻は破綻
し協議困難だった等の事情から，親権者指定の障害にはならないとした.[13]

【概要】原審では，父親の同意を求めることなく，長女を連れ出して以来約 5 年
10 カ月長女を監護し，その間父親とは 6 回程度の面会しか認めていなかった
母親に対し，年間 100 回の面会交流計画案を提示した父親が親権者に認めら
れた．これに対し，両親の離婚後の非監護者との面会交流だけで子の健全な
生育や子の利益が確保されるわけではないとして，片道二時間半を年間 100
回往復するのは，長女の身体への負担のほか，学校行事への参加や学校や近
所の友達との交流にも支障をきたす恐れがあるとして，必ずしも長女の利益
にはならないとした．子の意思の確認についても，長女自身（平成 28 年当時
小学 3 年生）の意向として母親と一緒に暮らすことを希望している．父母の面
会交流についての意向が他の諸事情より重要性が高いともいえないとして，
長女の監護状況も問題が無く，FPIC[14]等第三者機関の支援の下で父親との月 1
回程度の面会交流も提案している母親を親権者相当と指定した．

また，無断での連れ去りについては，父親は当時業務多忙であり，監護を
委ねることは困難であり，破綻的別居での協議も困難であった．また，その
後の面会交流の制限も，面会交流時の映像を父親がマスメディアに提供した
ことを知り母親が衝撃を受けたことが原因であり，これをもって母親が親権
者にふさわしくないとは認められないとした．

**【離婚等請求事件】平成 29 年 7 月 12 日/最高裁判所決定/平成 29 年（受）810 号/
不受理[15]**

この事件は，夫婦の離婚請求についての事件ではあるが，離別後の子どもと
の面会交流を基盤にした共同養育のあり方をめぐり，子どもの親権者に対する
司法判断へ焦点が当てられ，マスメディアの関心も大変高かった．
一審の千葉県松戸家裁での判決の特徴として，本来，面会交流は非親権者と

子の間で実施されるものなので，親権者指定が前提であるにも関わらず，親権者の適格性を判定する前に，「面会交流寛容性の原則」（フレンドリーペアレントの重視）が適用され，面会交流の頻度で親権者の適格性を決めた点である．子どもの権利条約9条の3項にある父母の離別後も児童が定期的に別に暮らす親とも直接接触することを維持する権利を重視し，離別後の子の福祉に対する判断として，離別後の面会交流の影響が大きいとの判断がうかがえる．

　しかし，二審の東京高裁判決では，母親と暮らしたいという長女自身の意向と，父親から提示された面会交流についての意向が他の諸事情より重要性が高いともいえないこと，年間100日という頻繁な面会交流計画案を必ずしも子の健全な成育にとって利益になるとは限らないとして，「長女の利益を最も優先すれば妻を親権者とするのが相当」との判断から，従来の判決同様，子の「監護の継続性・安定性」が重視された．

　さらに，この高裁判決では，母親が父親に無断で連れ去ったことに対しても，仕事で忙しい父親に子どもを委ねることは困難であり，監護の協議も困難だったと認めており，「国外への子連れ別居を原則認めず，速やかな従前国への返還を求めるハーグ条約の考え方を国内事案に適用すべきではない，という考え方を本判決は前提としているとみることもできる」とある[16]．

　子どもの利益に対する司法判断が割れたが，最高裁で不受理になっていることからも明らかなように，東京高裁の判決は，従来の日本での子どもの監護に対する実務に従うものであり，監護の開始が相手方の承諾を得ていなくても，その具体的な経緯，子の年齢や意思等によっては，それだけでは直ちに法律や社会規範を無視するような態度で監護が開始されたとはいえないという捉え方もある［東京家事事件研究会 2015］．

　母親が夫の言動に不信感や恐怖感を抱き，子どもを連れて転居した後でも，一切の事情を考慮した結果，母による子連れ別居を違法としない例があるとして，今回の控訴審判決も，このような先例を踏まえ，従前の経緯や態度を丁寧に検討して結論を導いており，常識的な判断であると指摘されている[17]．

　前述のように，2011（平成23）年の民法改正では，離別後の子との面会交流については「子の利益を最も優先して考慮しなければならない」としている．この事件での千葉県松戸家裁の判決では，"フレンドリーペアレントルール"を

取り入れた父親からの面会交流の頻度の多さが評価されている．しかし，東京高裁の判決では，父親から提示された年間 100 回の面会交流計画案は現実的でなく，子どもにとってかえって身体的にも社会生活的にも負担であるとして，従来の「継続性の原則」に基づく親権者指定の判断であった．日本の場合，子どもの利益として「監護の継続性・安定性」が重視されているが，その場合，先に子どもを連れ去った親の方が有利になるとの批判もありえる．両親離別後の「子の利益」の視点のあり方が問われる．

　本事件を通じて，日本での離別後の親権と共同養育の在り方について検討するという視点からの課題として次の 3 点を取り上げたい．まず 1 点目として，一審における「面会交流寛容性の原則」（フレンドリーペアレントの重視）と二審「監護の継続性・安定性」のどちらの司法判断が，子どもの権利条約が反映された 2011（平成 23）年改正民法第 766 条第 1 項にある離別後の監護についての「子の利益を最も優先して考慮しなければならない」にそった判決であるのかということである．

　最高裁が民事訴訟法 318 条 1 項により不受理であることからも，二審の東京高裁判決である父母の面会交流についての意向が他の諸事情より重要性が高いともいえないという判断は従来の判例，つまりハーグ条約加盟および子どもの権利条約にそった改正民法施行の 2012（平成 24）年 4 月以前からの判決に従うものであり，改正民法後での「子の利益」が考慮された離別後の親権と子どもの両親による共同養育について，現時点での日本の司法判断であるということになる．

　2 点目として，今回の離婚請求等事件では母親による父親に無断での子どもの連れ去りを必ずしも悪いとはしない日本国内での最終的な司法判断と，ハーグ条約下では日本国への子どもの連れ去りに対し国外から日本の外務大臣へ子の返還についての援助申請，あるいは裁判所に対する子の返還の申し立てが行われた際には，原則子どもの常居住国への返還が求められ，返還後に子どもの常居住国において子どもの育つ環境についての十分な審議が行われるという前提との捉え方の差である．

　共同親権・共同養育が「子どもの最善の利益」とする考え方では，子の身に危険が及ばない限りは面会交流などの両親による共同養育が基本である．「子

の利益」についての判断基準が，この事件での高裁判決に示された司法判断と
ハーグ条約での捉え方が異なっている．仕事で忙しい父親の元から母親が無断
で子どもを連れ去るのは妥当とする判決は，「母親優先の原則」が司法判断で
用いられることが少なくなったとはいえ，子どもの「監護の継続性・安定性」
を重視する場合には結果的に下されやすい判断である．

　特に日本の社会は，性別役割分業を前提として家族によって高齢者や子ども
など弱者のケアが担われる家族主義型福祉国家である［Andersen 1997］．子育て
は未だ主に母親に委ねられており，子どもの「監護の継続性・安定性」が重視
される場合，結果的に母子一体的な考え方が支持されやすくなる．先の裁判事
例では，子どもを連れ去られた父親は翌年から子の監護者になろうと家事事件
を 2 度試みたが，結果的に司法判断では認められなかった．子と父親との分離
は，高裁判決までに 6 年間以上，最高裁の判決までに 7 年間以上が経過してお
り，結果的に子の「監護の継続性」では母親が有利となった．

　3 点目は当事者性である．本来，両親が離別後の子どもと両親との交流は，
離別後も両親から愛され育つ権利を子どもが持つ権利として，子どもの権利条
約に示されたものである．子どもの権利条約では先に示したように，第 12 条
第 1 項で子どもの自己の意思の表明権は守られているが，日本の改正後の民法
にはまだ記載がなく，家事事件手続法 152 条第 2 項において子が 15 歳以上の
場合は子の陳述を聞かなければならないとある．この事例では，東京高裁では
子どもの意思として母親との同居希望が確認されている．ただし，両親が 6 年
以上別居の後なので，長期に亘る母親との生活の影響は大きいと考えられ，通
常ある程度の期間が必要となる司法的解決では，当初の無断での子の連れ去り
がその親にとって有利になる．

　また，父親から提案された自分が親権者になった場合の母親との年間 100 回
の面会交流計画案提出も同様である．本来，監護や共同養育の在り方について
は，子の生活を第一に考えるべきものであるが，子の心身への負担や学校生活
への支障が危惧されるような頻度である．もっとも電話やメールなどを含めて
の面会交流頻度を意味しているのであれば，この限りではないが，今回の判決
文では記されていないので，父親の意図は分からない．

　この事例では，子どもの利益としての別居後の監護の在り方や，離別後の親

権者の指定，面会交流などの共同養育案が，当事者の子どもの意思が反映され
にくく，同様に離婚当事者である両親の思惑で進んでおり，子どもを独立の人
格として捉える視点が弱いことが危惧される．父母と子どもという三者の当事
者の利害が対立しているが，その中で一番立場の弱くなる子ども，特に幼い子
どもの意思の確保方法が課題である．

　日本が「ハーグ条約」に加盟し，2014（平成26）年4月1日よりこの条約が
発効するようになって以来，日本国外での離婚に対しては，その国が離別後も
共同親権の判断を下した場合，日本も加盟国である相手国からの要求に応じて
共同親権への対応が求められるようになった．前述の日本国内での裁判事例で
の課題を考えるため，次にハーグ条約を巡り子どもの返還命令を拒む親に対し
て日本の最高裁が初めて判決を言い渡した人身保護請求事件を取り上げる．

【人身保護請求事件】平成29年11月7日/名古屋高等裁判所/平成29年（人ナ）
　1号

＊　母親に拘束されている次男の父親が，母親である拘束者に対して，人身保
　　護法に基づき次男の釈放を求めた事案．

【概要】米国在住日本人夫婦において，夫婦仲が悪化し2016（平成28）年1月に
　　母親が父親の同意を得ずに米国で生まれ重国籍を持つ当時11歳の次男を連れ
　　て帰国した．父親は同年7月25日に「ハーグ条約」にもとづき返還命令を申
　　し立てた．東京家庭裁判所は同年9月16日に母親に対し次男の返還命令を決
　　定，東京高裁で抗告棄却により同年11月30日に確定した．任意の履行およ
　　び間接強制を経て，2017（平成29）年5月執行官によって次男の母親の拘束
　　からの開放実施を行ったが母親の監護を解くことができなかったので，同年
　　7月父親は人身保護請求を名古屋高等裁判所（本庁）に申し立てた．同時に父
　　親は米国でも別に裁判を起こし，母親との離婚訴訟の提起と，次男の法的監
　　護権・身上監護権及び奪取防止に関する命令を求め，父親は次男の単独の法
　　的・身上監護権を与えられ，母親は次男を同年8月15日までに同州に返還す
　　ることが命じられた．

　　しかし，判決では，13歳になった次男は日本での暮らしに馴染んでおり，
　　母親と日本で暮らしたい意思も表明していることから，母親による監護は，

不当な拘束に当たらないという判断が下され，ハーグ条約に基づく返還命令が確定していることも，本件の判決に影響を与えるものではないとして，父親による次男釈放の請求は棄却された.

【人身保護請求事件】平成 30 年 3 月 15 日/最高裁判所第一小法廷/平成 29 年（受）2015 号

＊　国境を越えて日本への連れ去りをされた子の釈放を求める子の人身保護請求において，意志能力のある子に対する監護が人身保護法及び同規則にいう拘束に当たるとされた事例.

国境を越えて日本への連れ去りをされた子の釈放を求める子の人身保護請求において，拘束者が国際的な子の奪取の民事上の側面に関する法律に基づく子の返還を命ずる終局決定に従わないまま子を監護することにより拘束している場合における顕著な違法性[18]が指摘された.

【概要】米国に居住する父親が，日本居住する母親が次男を法律上正当な手続きによらないで身体の自由を拘束していると主張して，人身保護法に基づき次男を釈放することを求めた．一審の名古屋高裁では父親の請求を棄却したため，上告した事案において，次男は自由意志に基づき母親のもとに留まっているとは言えない事情があり，母親による次男の拘束は顕著な違法性があるとし，一審の名古屋高裁の判決を破棄し，父親の請求を認容すべきところ，次男の法廷への出廷を確保する必要がある点を考慮し，名古屋高裁に差し戻した.

【人身保護請求事件】平成 30 年 7 月 17 日/名古屋高裁/平 30（人ナ）4 号

【概要】母親に拘束されている次男の父である請求者が，次男の母である拘束者に対し，次男は法律上正当な手続によらないで母親により身体の自由を拘束されていると主張して，人身保護法に基づき，被拘束者を釈放することを求めたのに対して，差戻前の第一審が父親による請求を棄却したことから，父親が上告受理の申立てをしたところ，これが受理され，上告審が，母親の次男に対する監護は人身保護法及び同規則にいう拘束に当たり，母親による次男に対する拘束には顕著な違法性がある旨判示し，第一審判決を破棄して差し戻した.

　差戻後，第一審での国境を越えて日本に連れ去られた子の釈放を求める人身保護請求において，実施法（国際的な子の奪取の民事上の側面に関する条約の実施に関する法律．平成二五年法律第四八号）に基づき，拘束者である母に対して次男を常居所地国（米国）に返還することを命ずる終局決定が確定し，子の返還の代替執行の手続きが行われたにもかかわらず，母親がこれに抵抗し従わないまま次男を監護することにより拘束している場合には，その監護を解くことが著しく不当であると認められるような特段の事情のない限り，母親による次男に対する拘束に顕著な違法性があるとして次男を釈放し父親に渡すこととなった．

　ハーグ条約に基づく子どもの返還命令を拒む親に対する事件として，本件もメディアに注目された事件である．一審の名古屋高等裁判所金沢支部の判決内容では，以下の理由から母親の返還拒否は人身保護違反に当たらないとされた．13歳の次男は母親と同居し身辺の世話を受けながら日本での暮らしに馴染み，年齢相応に健やかに成長している．次男は自己の自由意志として母親と同居しての日本での居住を望んでおり，年齢から考慮してもその意思は尊重されるべきで判断能力が欠けているといった事情もうかがえず，身体の自由を拘束されているとは認めがたい．むしろ，父親による返還請求こそ次男の意思に反するというべきものである．よってハーグ条約にもとづく返還命令が確定していることや米国裁判での結果もこの事件に対する判決に影響を及ぼさないとして，父親からの請求を棄却した．

　一審の名古屋高裁で敗訴した父親は最高裁に上告した．最高裁での判決は一審の名古屋高裁の判決を棄却し差し戻しとなった．理由は，母親により国境を越えて連れ去られ，これまでと異なる環境に置かれた次男は，意思決定するに際し必要な米国返還後の生活についての十分な客観的情報を得ることが出来ない状況に置かれた．自由意志により留まっているのではなく，母親の監護は人身保護法の拘束に当たる．ハーグ条約に基づく返還命令の確定にもかかわらず，これに従わず監護することによる母親の拘束は顕著な違法性があるというべきであるというものであった．

　ハーグ条約は手続法であり，あくまで当該子の常居所地国への返還を命ずる

ものである．子どもを常居所地国に返還して，離婚や親権者指定の裁判等を通じ改めて「子どもの最善の利益」に基づき，子どもにふさわしい生育環境について審理することもできる．前述の外国返還援助決定事案が初めて最高裁まで持ち込まれた事案の判決でも，日本におけるハーグ条約の実効性の確保という側面が大きい．

　本件に限らず，日本の裁判所による子どもの常居所地国への返還という判決にも拘らず国内の親が判決に従わない執行不能ケースを抱えるため，アメリカ国務省は 2018 年 4 月の報告書で日本を「条約不履行国」へ指定した[19]．これを受けて，日本は子の引渡しの強制執行方法の見直しを図り，2019（令和元）年 5 月，「民事執行法及び国際的な子の奪取の民事上の側面に関する条約の実施に関する法律の一部を改正する法律」が成立し，国際的な子の奪取の民事上の側面に関する条約の実施に関する法律の一部も改正された．これに伴い，子どもの引き渡しに関しては，一定の条件下では間接執行を経ずに代替執行が可能になったこと，引き渡しを求める親が現場に同席していれば，連れ去った親の同意がなくても，執行官による代替執行実施が可能になり，子どもの通う学校，幼稚園，保育所等においても執行可能になった．さらに，子どもの自宅であれば，連れ去った親の同意が無くても裁判所の許可により執行官による代替執行が可能となった．

　この日本での強制執行の実現性を高めるハーグ条約実施法の改正法の成立や，本件も含め，2018 年中にハーグ条約に関する子どもの連れ去り事件 4 件が解決したことは，アメリカ国務省の報告書にも記述されている[20]．

　国際的圧力もあり，今回の民事執行法改正によって国内事件での子どもの引き渡しに対する強制執行がより有効になった．強制執行の明確なルールが作られ，迅速な引き渡しへとつながることが期待されている．今回の民事執行法改正及びこれに準じるハーグ条約実施法の改正によって，いずれの場合においても，子どもの引き渡しにおける強制執行の方法が明確に規定され，実効性が高まることとなった．ハーグ条約加盟国として，今後もグローバル・スタンダードへの対応のため，国内法も変革されていくことになるだろう．

　しかしながら，未成年子を持つ夫婦にとって，現状としては離婚に際し，日本の国内の判決において"二重のダブル・スタンダード"が存在している．一

つは，国内での離婚に適用される単独親権制と，ハーグ条約下における国外での共同親権制での離婚に対し適用される共同親権制への対応と，ルールが異なるというダブル・スタンダードである．さらに，一方の親による子どもの連れ去りは速やかに返還するというハーグ条約下での国外への対応ルールと，国内事案ではもう一方の親に無断で子どもを連れ去っても認められる余地があるという司法判断が行われるという，「子どもの連れ去り」という同じ行為に対して，国外と国内の事件とで判決の基準となる考え方が異なるという，もう一つのダブル・スタンダードが存在しており，当事者の混乱を招く状況だろう．

　最後に，本節で取り上げた国内事例の2件の子どもの監護をめぐる裁判事例で共通する2点について比較しながら確認したい．1点目は母親による無断での連れ去りと「監護の継続性・安定性」についての判断である．日本国内に向けての親権者指定の司法判断では，母親による父親に無断での子どもの連れ去りは，父親は当時業務多忙であり，監護を委ねることは困難であった．破綻的別居での協議も困難であったとし，「長女の利益を最も優先すれば妻を親権者とするのが相当」として「監護の継続性・安定性」を重く見た[山西 2018a]．

　ハーグ条約の影響下で争われた国外から母親が無断で子どもを日本へ連れ去っての監護については，「人身保護法の拘束」であるとの判決となった．そのため，「ハーグ条約」に基づく返還命令の確定にもかかわらず，母親がこれに従わず監護するという拘束は顕著な違法性があると，国内に向けての判決と国外に向けての判決とが逆の判決になった．

　2点目は当事者性の確保である．子どもの権利条約では先に示したように，第12条第1項で子どもの自己の意思の表明権は守られているが，前述の国内での離婚及び親権者指定の裁判では，東京高裁では子どもの意思として母親との同居希望が確認されている．但し，両親が6年以上別居後なので，当初の無断での子の連れ去りがその親にとって有利になる．連れ去られた子どもは父母間の深刻な感情対立がある中で，異なる言語や文化などの環境での生活を余儀なくされる．ハーグ条約の影響下では，意思決定についての十分な客観的な情報が与えられない中に置かれやすいことを考慮し，母親と暮らすことを希望している13歳の子どもは，十分な自由意志の下で留まっているとはいえないと受け止められている．

　子どもにとっての最善の養育の在り方をめぐる子どもの連れ去りや親権者指定の裁判において，同じ日本の司法において判決基準が異なることの問題点は，グローバルな人の移動に伴う国内外での離婚が増える中，未成年子のいる両親やその周囲の人々に混乱をもたらす懸念がある．しかも，国内では母親が普段から子どもの世話を担っているので，父親に無断での連れ去りも妥当と判断され「監護の継続性・安定性」が重視されることから単独親権制度において母親が親権者となることが可能であるが，ハーグ条約下では違法とされるため，"二重のダブル・スタンダード"が起きている．

　両親の離婚に際して親権や共同養育の在り方は，その国の福祉国家体制としての有り方に影響され，未成年子の置かれた立場はこのように制度的にも大変不安定である．さらに，各事案が個別に抱える父母と子どもの当事者利害の対立が起こりやすく，その中で一番立場の弱くなる子ども，特に小さい子どもの意思の確保方法も課題である[山西 2018a; 2018b]．

3　日本の子どものいる場合の離別後の共同養育の実際

（1）　既婚者による離別後の共同養育の実際について

　離別後の親権や未成年子の養育についての実際を調べるため，当事者に対するインタビュー調査を行った[21]．同時に準備を進めていた韓国や台湾での調査と比較するため，インタビュー方法は構造化面接法である[22]．日本での調査は，2018 年 8 月に 12 名の母親を対象に行い，内 3 名は調査時点でまだ裁判所での離婚調停中のため離婚が成立しておらず別居中だった．離婚が成立した 9 名のうち，親権は母親が 8 名，父親が 1 名であった[23]．

　これらの 12 名のケースの中で，離婚や別居に関わらず，母親にとっての離婚や離別の理由が相手からの激しい DV（児童虐待の場合も含む）の場合である 8 ケースの中で，養育費の受け取りや面会交流などによる共同養育が難しいケースは 5 ケースであった．DV での破綻の場合でも，弁護士が交渉して離別後の面会交流や養育費の分担の取決めを行ったケースや，面会交流が父親による離婚の条件だった 2 ケースの計 3 ケースでは，両親による共同養育が実施されていた．

　しかし，これらの3ケースでも，面会交流前後の母親の心身の調子の落ち込みや子どもの幼児かえりなど，母子ともに心身に強い影響が出ていたケース，公園など地元のオープンな場所で母親側親族が立ち会い，母親が立ち会わない条件下での実施ケース，父親による不適切な面会交流により子どもが犠牲になったため中断中など，両親間や親子間にある様々な葛藤のため，円滑な離別後の面会交流が実施されている訳では無かった．

　性格の不一致での離婚や別居など，DV が理由以外での離婚や離別である4ケースのうち，3ケースでは父子の面会交流は，DV ケースほどには母子のメンタルへの強い影響は伴わない形で行われていた．しかし，これらのケースでも面会交流の内容については，それぞれ母親の戸惑いを伴っていた．また，性格の不一致で別居中の間に他の男性と交際となった母親の1ケースでは，父親が子どもを引き取っており，母親は父親とも子どもとも連絡が取れていなかった．

　これらの日本での離婚・離別でのインタビュー・ケースから，日本での離別後の共同養育について，実施の実際と母親たちの考えについて紹介する．

離別後の共同養育の実際について

　何らかの形で共同養育が行われていた6ケースについては，養育費の支払いがある2ケースでは，相手からの養育費支払い条件として面会交流が要求されていた．離婚の条件として養育費は支払わないが面会交流を要求されたケースが1ケース，2ケースでは養育費を受け取っていないが母親が子どものためを考えて父親と面会交流させていた．離婚調停中で別居中の1ケースでは，二人いる子どもによって事情が異なっており，母親が引き取っている子ども（長女）については，父親による養育費支払いの話が進んでいるが，父親は子ども（長女）とは関係がないと言って会っていない．父親が引き取っている子ども（長男）とは，母親は面会交流を行っていた．

　2021年7月発行の「法務省だより　あかれんが」第39号では，2011年の民法の一部改正を受けて，特集記事「離婚の際に夫婦か取り決める事項として面会交流及び養育費の分担などが明記されました」が組まれ，法務省による離別後の面会交流を促す3つのリーフレットが紹介されている．表紙には仲の良い

雰囲気の親子4人の姿の写真が掲載されている．これらの法務省のリーフレットでは，子どものために養育費と面会交流を取り決めることが親の責任として記されている[24)]．

　しかし，今回インタビューのケースでは，ほとんどのケースで養育費について決められておらず，調停中の場合も婚姻費用を受け取っていない．離別後の両親の関係が円満なケースは見られず，法務省パンフレットで想定されている両親による友好的な雰囲気での面会交流と，インタビューで話された実際とは随分内容が異なっていた．離婚に同意する条件として，子どもの養育費は払わないが面会交流が要求されるなど，子どもと別に暮らすもう一方の親の認識において，面会交流は親の権利として混同されているようにも受け取れる．養育費は払わないが子どもには会うことを離婚の条件として要求する父親と，一刻も早く離婚したいのでこの条件を承諾する母親という，両親間での離婚をめぐる駆け引きにおいて，面会交流は本来「子どもの利益」という視点がどれだけ生かされているのかという課題が見える．

　以下，共同養育についての母親たちのインタビューの一部を紹介する[25)]．

　　自分が頼んだ弁護士に，子どもの将来の大学進学費用について相談しても，親が大卒じゃないのに子どもの大学費用まで父親に要求できないと言われた．父親が頼んだFPICスタッフ立ち合いの元に隣の県まで行って四カ月に一回面会交流を行っているが，父親との面会交流後は，3歳の子どもがパニックを起こしたり，幼児がえりをしたり大変だが，調停委員に相談しても「ああ，そうですか」と関心を示してくれなかった（J2：30代，調停離婚，精神的・経済的なDV被害で離婚，親権者は母親）．

　　自分が借金で自己破産し，父親の方が生活も良いので，父親が3人（長女・長男・二女）の子どもの親権者になった．離婚前の話し合いでは，いつでも子どもたちに会って良いとのことだったが，口約束だった．別居期間中に自分が他の男性と出会い三女が出来てからは連絡を絶たれた．面会交流が口約束だったから，後から覆ってしまったことは後悔している．父親には電話も着信拒否をされ，子どもにお年玉もプレゼントも渡せない．父親と母親は違う．娘に生理用品を渡すなどは母親にしかできないと思う（J4：30代，協議離婚，性格の不一致

で離婚，親権者は父親）．

　調停では，父親と父方祖母が慰謝料も養育費も払わないが，面会交流は要求してきた．母親の自分には知らせず子どもの携帯電話に直接父親から呼び出しの連絡が来て，玩具や洋服を買ってもらい，御馳走を食べさせてもらえる．子どもも行けば何か買ってもらえる，地元の友達に会えると期待する．しかし，勝手に子どもを呼び出しておきながら，都合が悪くなったと，家の外に子どもが夜に放り出されてしまい，子どもの喘息が悪化した．突然父親から子どもを連れて帰れと自分に連絡があり，急いで駆け付け子どもを病院に連れていくなど治療に色々と苦労をした．子どもは心と体の二重に傷つけられたので，今は会わせていない（J5：30代，調停離婚，父親の借金や女性問題で離婚，親権者は母親）．

　協議中に養育費は話には出たけれど，自分は何も要らない．面会交流は父親から，都合が合えば，とりあえず会えれば良いとの希望だった．父親の勤務形態の関係で面会交流は都合が合わないが，子どもは服などのプレゼントは喜んでいる．学校では他の子どもに両親がいるので，男親のいる喜びを味わえるので逆に良かった．ニコニコと父親の話をする．子どもには罪がない（J8：40代，協議離婚，身体的なDV被害で離婚，親権者は母親）．

　父親が帰国するので，養育費も面会交流も取り決めはしなかった．男らしく育って欲しかったので，父親と触れ合った方が良いと思い，父親の本国で子どもを父親と会わせるようにしていた．子どもが3歳の時に父親が自宅で部外者である若い女性たちがいる状態で子どもに会っていたことを，子どもが5歳の時に子どもの口から聞いてショックを受けた．子どもは小学5年生まで両親の離婚を知らなかったので，その時は自分と父と母が家族で，お姉さんたちはただの女だと言っていた（J11：50代，協議離婚，性格の不一致で離婚，親権者は母親）．

　離婚届けを出すだけで精一杯で，事前に共同養育の話し合いはしなかったが，（外国人の父親との）面会交流は年に一，二回父親が子どもに会うために来日して徐々に定着していった．不愉快な思いをしたこともあるが，子どもに否定的に

考えて欲しくなかった．父親が外国人であることを隠すのは，片方の文化が無くなる，異文化体験がマイナスになると思った．離別後の子どもへの影響としては（言語や国籍など父親の国に関する）子どもの可能性を潰しているかもしれない（J12：50代，海外での協議離婚，性格の不一致で離婚，親権者は母親）．

　面会交流が行われていても，その内容は様々である．共同養育の支援団体を利用しているケースでも，当事者親子の離婚や離別の背景や父親との面会交流に抱く葛藤に関係なく，共同養育は「子どもの最善の利益」という価値観の一方的な押し付けになってしまっている．また，面会交流時での子どもに対する父親側の不適切と思われる対応も見られる．結果として，子どもの心身への影響をケアするのは一緒に暮らしている母親であるが，その母親を支える視点がないことも問題だと思われる．しかし，DVでの離婚であっても，子どもと父親との交流がうまくいっていることを母親が良かったと評価しているケースも見られた．

　今回のインタビュー対象者であるほとんどの母親たちは離別後の子どもの共同養育については，ケース・バイ・ケースと考えられていた．離別後も両親による共同養育が「子どもの最善の利益」という国連の「子どもの権利条約」の考え方に対して，今回のインタビューに回答した母親たちの意見を紹介する．

　　子どもにとって良いという根拠が分からない．良い事例も知らないし，（良い事例を知ったとしても）そこと自分たちが同じ環境かどうか分からない．DVの父親でも共同養育や共同親権が可能なのか．「子どものため」ではなく「この子どものため」と個別のケースで考えて欲しい（J1：30代，離婚調停中，身体的・精神的なDV被害で離別）．

　　DV被害の母親も父親と交流を持たないといけないのは重い．子どもたちにとって，両親の下で育つことが幸せというのはちょっと違う．子どもたちにとって愛されているというのは色々な形があると思う（J2：30代，調停離婚，精神的・経済的被害なDVで離婚，親権者は母親）．

　　暴力じゃない離婚であれば，考えても良いのではないか．（夫のDVが）昨日のことのように思い出され，自分を傷つけないように生きている．（共同養育は

子どもの最善などの）言葉だけ聞くと，深く考えて壁にぶつかる．色々なことで日々悩むが，相談する人がいないので（J3：30代，別居中，身体的なDV被害で離別）．

共同養育に関しては構わない．子どもにとっては良いことだと思う．出来れば完全に縁を切りたかったが，子どもにとってはずっと父親と母親だから．共同親権は賛成出来ない．（別居時に困ったことだが）子どもの連れ去りをされても誘拐にならない．気分にむらが無く，子どもに危害を加えないという親なら可能かもしれない（J6：30代，協議離婚，身体的DV被害で離婚，親権者は母親）．

自分の場合は，別居中に子どもを連れ去られて警察の協力を受けたこともあるので，安心して面会交流を考えられない（J9：20代，協議離婚，身体的DV被害で離婚，親権者は母親）．

（共同養育が「子どもの最善」というのは）当然のことであると思う．（親の）気持ちはみんな同じだと思う．しかし，もう一方の親が相手（子どもの母親）に対する不満を出す方法が分かっておらず，子どもを傷つけるような不適切なことをしてしまう（J11：50代，協議離婚，性格の不一致で離婚，親権者は母親）．

実際には両親の責任の自覚によるのでケース・バイ・ケース．国連の考えとしては世界中に適用されても悪くないと思うが，実施には養育費平等負担の確保について国外も含めて強制力のある仕組みが必要（J12：50代，協議離婚，性格の不一致で離婚，親権者は母親）．

暴力などの問題の無い離婚や離別の場合に対しては，「子どもの権利条約」にあるように子どものために離別後の両親による共同養育への賛同が見られる．しかし，面会交流についての個々のインタビューでは様々な具体的な課題が見える．離別前に父親から子どもへの様々な暴力や連れ去りがあったことからの母親の心配，子どもとの面会交流時に父親が高価なマンション自宅で若い複数の女性を同席させ自分の権威をみせつけるなど前の配偶者である母親への当てつけ行為をして子どもが混乱したこと，母親に知らせず勝手に子どもを呼び出し，ご馳走やプレゼントなどを期待させながらも突然のキャンセルで寒風の中

に置き去りにされた子どもが持病の喘息の発作を起こして大変だったという内容が語られた.

　父親が自分勝手に子どもを振り回すなど, 子どもに対して不適切な対応がなされることが懸念される場合や, 養育費は分担をしないなどの親としての自覚が足りない場合には, 離別後の共同養育に対して疑問の声が寄せられた. 共同養育, 特に面会交流が「全ての子ども」にとっての最善なのか,「この子どもの最善」を考えるというケース・バイ・ケースで考えて欲しいという当事者である親たちの声にはもっと耳を傾けるべきであろう.

　さらに, 安心できる離別後の共同養育の実施には, 子どもと一緒に暮らさないもう一方の親に対し, 共同養育は子どものために行われるものであり, 子どもに対する親としての役割と責任の自覚が必要であるという指摘も重要である.

日本の離別後の共同養育に関する問題点

　今回のインタビューでは, 多くのケースで母親が親権者である一方, 子どもの父親からの養育費は受けていない. このような場合でも, 離婚の条件だった場合も含まれるが, 父親からの子どもとの面会交流の希望は受け入れており母親の共同養育の取組みへの努力がうかがえた.

　しかし一方で課題と考えられるのが, 子どもと一緒に暮らす母親が子どももう一方の親との離別後の共同養育を支える仕組みが無いことである. 母親が依頼した弁護士と父親との調停や協議について子どもの共同養育について相談したケースもあるが, 弁護士は必ずしも母親の思いを十分に汲んでくれる相談相手としては期待できていない. ケースによっては, 弁護士の助言で養育費を払わないことを条件に父親が離婚に応じるケースや, 裁判が長引かないように弁護士の勧めで母親が養育費を請求しないケースもあった.

　母親のインタビューに表れる弁護士の姿は, 離別後の共同養育について「親が大卒じゃないから子どもの大学進学のための費用は要求できない」と自己流の解釈になっていたり, 協議離婚でも裁判離婚でも母親の希望である離婚の早期成立が優先され, 養育費は払いたくない父親の要求を承諾する結果となっていたり, 実際には共同養育を巡る弁護士の対応も交渉を有利に進めるための駆け引きに使われており「子どもの最善」としての離別後の共同養育の条件を十

分に整えることが出来ていない.

　様々な困難な事情を背景に離別を選択する親たちは精神的にも疲労しており，離別前後から親子の思いにも寄り添い支えるサポートが必要と思われるが，日本の場合は身近な親族や友人以外には，このような親子の気持ちに寄り添い支える支援がほとんど期待できない.

　　父親の主張や，それと対立する自分の意見，それに専門家による知識，親と子どものためにこれらを交通整理するシステムが必要だと思う（J1：30代，離婚調停中，身体的・精神的なDV被害で保護命令中）.

　　自分が頼んだ弁護士との相性が良くなくて，（大学進学費用について）自分の希望通りには進められなかった．FPICスタッフも元調停委員なので，子どものためだから共同養育は当たり前という考えだった．「お母さんはがまんしてください」と言われ，知りたくない父親の情報を自分に教えてきて，自分の鬱の症状がより酷くなった．自分の気持ちに寄り添ってくれる人がいない（J2：30代，調停離婚，精神的・経済的なDV被害で離婚，親権者は母親）.

　　（共同養育は）第三者が手伝ってくれるとなど，母親の気持ちを良く分かってくれる人が代わりに動いてくれると，母親の気持ちの負担がなくて良い（J3：30代，別居中，身体的なDV被害）.

　　共同養育はすごくいいことだと思う．離れても子どもには関係が無いこと．（親権者は父親だが離婚時に面会交流については口約束だったので）自分は現在子どもたちと面会交流が出来ていない．お金の掛からない公的サービスやボランティアの支援があると良い（J4：30代，協議離婚，性格の不一致で離婚，親権者は父親）.

　　安心して面会交流できる体制があれば考えられる．子どものために良いかと思うので（J9：20代，協議離婚，身体的なDV被害で離婚，親権者は母親）.

　DV被害での離別のケースでも，子どもと一緒に暮らす親が安心してもう一方の親と交流出来る支援システムへの要望は多かった．一方で，離別後の共同養育実施に際し支援団体であるFPICを利用しているケースにおいても，

FPIC の支援が共同養育は「子どものために当然」という裁判所の意向に同調しての支援になってしまい，もう一方の親に対して複雑な感情を抱えている親にとっては辛い対応になってしまうことが示されている．

　子どものいる離婚や離別に対しての知識提供の社会体制を組む支援については，以下のような声も寄せられた．母親たちから指摘が多く寄せられた離別後に子どもと別に暮らすもう一方の親が，離別後の「子どもの最善の利益」のために自分の親としての役割と責任を自覚する必要性にも関連する指摘である．

　　　離婚や離別後の親権についてもっと知識を与えて欲しい．誰も話したがらないので，体験するまで知らない．離婚は悪いことではないので，中学校の教育などでちゃんとオープンに情報提供して欲しい（J4：30代，協議離婚，性格の不一致で離婚，親権者は父親）．

　さらに，子どもの親権をめぐり調停中の若い外国人の母親のケースがあった．本国とは異なるジェンダー観で夫側から離婚の請求と長男の親権を要求されている．

　　　日本に来てもうすぐ（調査時点で）3年．夫とは本国で出会って結婚で日本へ来た．本国の知り合いとSNSをしたらダメ，電話も掛けさせてもらえなかった．一人目の子どもの時は自分が毎日食事を作ったが，夫は育児を手伝わなかった．二人目の子どもが出来てからも，夫は育児を手伝わなかったし，自分も毎日は料理できなかった．習慣の違い．出身国では9割の母親が働いているし，外でお弁当やおかずを買って食事をする（J10：20代，習慣の違いで離婚調停中）．

　幼い娘がよく熱を出し，支援施設で看てもらいながら働いている．本国と異なり，男性中心の日本の労働市場で母親が子どもを抱えて働くのは不利であることに加え，さらに日本語があまり通じず，仕事が限られ肉体的にも厳しい．親族から切り離された異国での離婚調停は大変精神的にも負担がきついことが察せられた．

　離婚は初めてで自分たちの置かれた状況がよく分からないという親も多い．離婚や離別後の子どもの親権や共同養育に対する知識がないまま，弁護士や調

停員など司法側の知識によって誘導されてしまい，十分に理解しないまま決めてしまうと不本意な結果になってしまう場合があることが共通している．また，国際結婚の場合に限らないが，子どもの両親の社会経済的地位の対等性を確保した上で，親権についての決断や共同養育が行えるような支援が必要と思われる．

　共同養育が「全ての子ども」にとっての最善ということを当たり前とするのではなく，「この子どもの最善」を考えるというケース・バイ・ケースの対応で考えるとことを前提として，それぞれのケースに対し親子の思いに寄り添い，置かれた状況での自分たちの法的また社会的に選択可能な選択肢が分かること，そのために必要な知識と情報の提供が受けられる相談先の情報提供があること，そのうえでの親子の自己決定を支えられる専門的なスキルを持った支援者のサポートが得られる体制が必要である．

　インタビュー調査結果から，日本でも共同養育に対する親の理解が広がっていることが分かる．今回の日本のインタビュー対象者は，DV被害者が多い上，単独親権制度の下で親権を取るための，あるいは弁護士の勧めに従い順調に離婚手続きを進めるため交換条件として養育費は請求しないという選択もされている．母親自身のみならず弁護士という司法の専門家にとっても，実際に子どもを養うのは親権を持つ親の最終責任として認識されていることがうかがわれる．

　共同養育が考慮される場合でも，養育上の経済的責任は親権を持つ親に任せられる一方で，子どもの利益は別れた親との面会交流にのみ焦点が当てられ，このことに関しては母親も子どもの利益のためにと受け入れている．しかし，そのことが結果的に養育費なしで面会交流のみの共同養育という子どもの福利にとってもアンバランスな結果に繋がっていると思われる．

　現行の離別後の単独親権制度下においても，子どもの利益につながる共同養育を実現しするには，離婚当事者の両親のみならず，弁護士や家庭裁判所の判事や調停員など，実際に関わる司法現場の専門家など広く理念への理解を広めるとともに，実施における具体的な支援，特に明確な養育費の分担とその実行性のある支払い方法の制度化が必要だと考える．

　また，「子どもの最善の利益」の実現としての共同養育の理念が社会的に浸

透してきている一方で，当事者には具体的な制度的知識や社会資源についての
情報の提供や，当事者に寄り添い支える専門家による支援が普及していない．
さらに周囲の性別役割分業観や外国人の親に対する社会経済的非対称性など，
社会構造上の問題もあり，「子どもの最善の利益」としての離別後の共同養育
という理念と現実社会との齟齬も課題として浮かび上がった．

（2）　若年出産による離別後の子どもの養育
―― 10 代出産女性のインタビュー調査から

　日本における全出生数のうち母親の年齢が若年（10 代）の割合は約 1.3％前
後，約 1000 件弱で推移している．10 代出産は出産総数としては少ないものの，
心中以外の児童虐待死事例における「若年（10 代）妊娠」の平均割合は 17.8％
と高い水準を示し，子育ての課題を抱えやすい家庭である．[26]

　ここでは，若年で出産した女性たちへのインタビュー（2016〜2018 年実施）の
中から，パートナーと離別した事例をもとに，彼女たちの妊娠・出産から離別
に至るまでの状況，子どもの養育の状況から，離別後の養育とその課題につい
て考えていくこととする．

10 代出産家庭の養育の概況

【事例 1】子の父側に子どもが引き取られた事例（寡婦）：A さん

　　出産時 A さん 19 歳／元夫 20 歳／A さん 20 歳の時に離婚

　A さんは，高校卒業後，准看護婦をめざしていたが，3 カ月後に寮から家
出．元夫とふたりでパチンコ屋に住み込みで働き，その後妊娠した．妊娠が分
かった時は不安だったが，「妊娠したから」という理由で出産を決めた．自分
の父親は反対していたが，元夫の親は賛成していた．

　出産のときは実家に帰り，結婚．子どもが生まれた後は，独立し 3 人で暮ら
しはじめた．生計は元夫のアルバイトで成り立っていた．元夫が大型免許を取
りに行くお金も A さんが工面した．生活をはじめてまもなくして元夫から家
にお金が入らなくなる．原因は，借金ギャンブル（パチンコ）だった．元夫の
借金を元夫の親が清算し，元夫へ金銭的な援助もしていた．暴力や浮気もあっ

た．元夫は家に帰らなくなり，子どもと2人暮らしになった．子どもが3カ月の頃から保育園に預けて縫製工場でバイトを始める．家計も苦しく，子育ても1人で大変で，家事もなかなかできないので，別居してAさんの実家に戻った．住民票もAさんの実家に移した．

その後，元夫の親は，Aさんが家を引き払い，実家に住民票を移して帰ったことに腹を立て，Aさんの親の留守中（Aさんと子どもだけの時に）やってきて，「うちの家の子どもだから」と言って子どもを元夫の実家に連れて行った．話し合いの場でも子どもに会うことはできなかった．「あなたも若いし，これからがあるので，あきらめなさい」と自分の親から言われたので，裁判はしなかった．21歳の時に離婚．子どもは経済的に豊かな元夫の実家が引き取る形となった．子どもに会いに来ないでほしいと言われ会いに行くことはできなかった．以後，元夫とも全く会っていない．

25歳の時に再婚．再婚相手との間に子どもが1人産まれた．

【事例2】 2人の子どもを実家で育てている事例：Bさん

Bさん1人目の出産16歳（相手16歳　同級生）／2人目出産20歳（相手23歳3つ年上　未婚）

Bさんは，定時制高校に入学し，半年後妊娠して休学した．子の父は同い年の同級生（他の定時制高校），「中絶がイヤだった」という理由で産むことに決めた．妊娠して1カ月の間子の父の実家で暮らした．子の父の親はサポートしてくれる感じだったが，子の父は仕事が好きではなく仕事をしなかった．話し合った結果，自分の母親が自分と子どもをサポートして育てることになった．

子どもが3歳になって復学し，2回目の妊娠で一時休学した．2人目の子の父は3つ年上で付き合って2年くらいして子どもができた．2人目の子の出産に自分の母は反対していたが，「次ってないかもしれないし，兄弟がいたほうがいい」という理由で産むことに決めた．子の父は，土木関係の仕事をしていて，女性関係や借金など様々な問題を抱える人だった．

実家で母と弟と子ども2人と暮らしている．子どものことは自分でして，家事はほとんど母に任せている．保育園に子どもを預け，昼はカラオケでアルバイトをしている．通信制高校に在籍し，週末はスクーリングを受け，高校卒業

を目指している．児童扶養手当，児童手当は母親に渡している．子の父2人とも連絡を取らないし，養育費もいらない．今後もかかわるつもりはない．

【事例3】同居せず，お金も入れない上に，会いにも来ないため離婚した事例：Cさん

　　出産年齢　最初の出産17歳（相手18歳）／結婚17歳（出産前に入籍）／離婚20歳

　Cさんは，高校に部活の特待生で進学したが，部活がきつく半年（1年生）で退学．高校中退後，昼間に仕事をし，元夫は職場が一緒だった．元夫も高校を中退していた．2人で高卒認定資格を取った．同棲し，付き合っているときに借金と暴力があり別れた．別れたあとすぐ妊娠が発覚（妊娠2・3ヵ月）した．「おろせない，産みたい」と思った．自分の親に相談すると，「応援する」と言ってくれた．元夫の親は，「すみません」と言って妊娠を受け入れてくれた．妊娠がきっかけで結婚した．

　子どもが生まれたあとも，元夫とは一度も一緒に暮らさず，子どもと一緒に自分の実家にいた．子どもが1歳前に母乳を終え，仕事を始める．バイトを昼（5万）・夜（10万弱）掛け持ちして働いていた．車のローン，車の維持費，携帯料金，保険（車・健康）など，支出は多かったが，自分でなんとかやっていた．出産後は子育てよりお金が大変だった．元夫は一緒に暮らさない，お金も入れない，会いにも来ないから，20歳で離婚．相手はしぶしぶ離婚を承諾した．今は事務の非正規の仕事をしていて月20万くらい稼いでいて，児童扶養手当はもらっていない．給料は高いが平日は19時半まで，土日も仕事があるので，保育園の送迎や子どもの夕食など実家の援助がないとやっていけない．

　元夫からは連絡も，子どもに会いに来ることも全くない．養育費も払わない．子の父とはかかわりたくない．

【事例4】ステップファミリーになった事例：Dさん

　最初の出産19歳（相手17歳）／結婚20歳（相手が18歳）／離婚20歳

　二回目の結婚21歳（相手が21歳）／2人目出産22歳

　高校を卒業後アルバイト先で，中学の後輩の子の父と再会し，付き合うこと

になった．19歳の7月に妊娠．元夫は子どもができた時は喜んで，「産んで」
と言っていた．11月に2人で一緒に暮らし始めた．元夫は通信制高校に通い
ながら，掛け持ちで働いていた．子どもが生まれて4カ月頃には，元夫は全く
お金を入れなくなり帰ってこなくなる．「離婚はやばい」と思っていたが，上
の子と2人暮らしになり，お金がなくて食べ物がなかったので，「もう無理」
と思った．家を出て，結婚期間5カ月で離婚した．子どもが6カ月になるのを
待って保育園に預けた．友人の母親から紹介してもらったしょうが堀りのアル
バイトをした．

　離婚をして養育費・児童扶養手当・児童手当をもらって生活していた．養育
費は3万入れてもらうことになった．現在も入金されているが，実家のお金
じゃないかと思う．

　同級生と再会．1カ月の交際を経て，同棲．1年間の同居を経て結婚．結婚
して半年で第2子出産．2人の子どもの養育は，現在の夫と行っている．

【事例5】 子の父の借金で離婚した事例（寡婦）：Eさん

　出産年齢19歳　18歳で結婚（相手25才）　25歳で離婚　子ども人数3人

　18歳の時に「この人の子どもが欲しい」と思い出産した．相手の借金で
やっていけないので離婚．離婚直後は実家に自分と子ども3人で戻る．その後，
村営アパートに自分と子ども3人で暮らす．ひとり親になった時に困ったのは
経済的なことで，離婚後，昼間はホテルの清掃，蕎麦屋の皿洗い，夜はスナッ
クの掛け持ちをした．親戚の畑からとれた野菜をもらうなどして暮らしていた．
元夫の祖父母や自分のおじ夫婦が近所にいて，夜働いている時間に子どもをみ
てもらうことがあった．児童扶養手当，児童手当，ひとり親医療費，村営ア
パート，保育園を利用し，借金については役場に相談に乗ってもらった．元夫
から経済的な援助はなかった．近所に住んでいて，子どもは子の父と会ってい
て，自分も子どものことで相談したり話したりすることがある．

【事例6】 妊娠後，すぐに新しい彼女ができ未婚になった事例：Fさん

　出産年齢19歳（相手20歳）

　勉強が嫌で高校1年で中退．その後，妊娠がわかるまで3年近く飲み屋でバ

イトしていた．妊娠 2，3 カ月の頃，自分の親と一緒に子の父に会いに行ったら，「産んでいいよ」と言われた．子の父と最初は一緒に子どもを育てていく予定だったが，妊娠中に子の父に新しい彼女ができた．そのため，未婚で出産した．子の父に子どもの誕生や子どもの顔，名前は伝えたが，連絡はない．

　実家で自分の両親と子どもと暮らしている．自分の親が家事をしてくれて，自分は子育てを担当している．児童手当，児童扶養手当とアルバイトで生活している．半年間，防水・解体のアルバイトをしていたが，来月から，9 時から17 時で土日祝日休みの工場の仕事に就く予定．子の父からの養育費や交流は全くない．自分からも子の父と連絡とっていない．

【事例 7】新しい彼と結婚予定の 3 児の母（4 人目妊娠中）の事例：G さん
出産年齢　出産 16 歳／17 歳／18 歳　子ども人数 3 人（元夫の子）
結婚生活・期間　最初の結婚／離婚 19 歳
二回目の結婚　2017 年 4 月に結婚（相手 B 25 歳）
中学校卒業と同時に妊娠．中学の時はいきがって威張る感じ．中学では悪さをして，高校受験できなかった．妊娠中は実家にいて，子どもが生まれて 3 カ月後には実家を出て，元夫と子どもと 3 人アパートで暮らし始めた．自分の姉妹の子どもがたくさんいたので，妊娠や出産の準備にはお金はかからなかった．元夫は建築業をして月 18 万，多いときは 21〜22 万の収入があった．自分も子どもを 3 カ月で保育所に預け，妊娠 9 カ月まで飲食店で昼間アルバイトしていた（子どもの病気の時なども快く保育園に行かせてもらえる，融通が聞く仕事．1 カ月 6-7 万）．子の父といつまでも続くことはないと思っていたので，へそくりしていた．毎年子どもが増え，3 人になったが，家事も育児も困ったことはなかった．元夫は若かったから遊びたいようだったし，DV もあり，19 歳で離婚．離婚して後悔はしていないが，ひとり親になった時に 1 人で育てると子どもがかわいそうだなぁと思った．離婚後，子の父と住んでいたアパートを引き払って，子ども 3 人と自分と 4 人で暮らすための新たにアパートを借りた．離婚しても近くに親や姉妹がいて頼ることができるので，住宅・家計・仕事・子育て・家事のことの不安はなかった．元夫からの養育費や交流はない．

　現在妊娠 9 カ月で，新たなパートナーとの間の子どもが来月生まれる．来月

から新たなパートナーと一緒に暮らし始め，新しいパートナーと一緒に子ども4人を養育する予定．

【事例8】 妊娠後子の父が音信不通になった未婚の事例：Hさん

出産19歳（相手23歳）

高校卒業後の18歳から介護（身体障害）の仕事をして19歳の時に出産．相手とは，付き合っていただけで，妊娠してからすぐ連絡が取れない．子の父は働いていない．

父，母，弟，自分と子ども（2歳）5人で実家に暮らしている．自分の生活は自分の収入で行う．仕事は妊娠前からの介護の仕事を続けている．育休が取れなかったので，産休明けた産後2カ月から職場復帰した．保育園も入れたし，家事も母と分担しているので困ったことはない．弟が遊び相手をしてくれる．相手の親のサポートはない．

子の父は，認知していない．妊娠2カ月のとき，子の父が月4万円養育費を払うことを決めたが，一度ももらっていない．生まれた後も会っていない．

【事例9】 公的な支援と家族支援を受けながら子育てしている事例：Iさん

結婚19歳／出産19歳（子の父19歳）／離婚20歳

子の父とは，高校3年から付き合っていて，高校卒業後の就職先を彼の家（他市）のそばで仕事に就いた．妊娠したため仕事を2カ月で辞めた．元夫は父母がいなくて，祖母宅に行くことになった．祖父母宅はごみ屋敷であった．最初はごみを片付けたりしたが，なかなか片付かなかった．元夫は働いていなかった．自分が高校生の時に貯めていたお金は，就職活動や元夫がパチンコで使ってしまった．お金がないから妊娠がわかっていたけど病院に行けない，お風呂にも入れないから，身なりも悪く外に行けない状態だった．元夫の叔父がコンビニの店長だったので廃棄前のお弁当をもらって食べていた．（地域包括支援センターの人が，元夫の祖父母宅を訪れた時に妊婦がいることに気づき，保健センターにつながった．その後実家の保健センターにつながれ公的な支援とかかわるようになった．）

出産の3カ月前に授産制度を利用し，実家に戻って出産した．親には3カ月と頼み込んで実家に住まわせてもらっている．出産の直前に入籍．出産後4カ

月ですぐに仕事を探して保育助手やデイサービスをしていた．出産後，元夫が働かないため 20 歳の時に離婚した．

　現在祖母・父・叔父・自分と子どもの 5 人暮らしている．家事や育児の分担は，朝ごはんは自分か父親，夕飯は祖母，保育園の送りは，村の養育支援事業を利用し，迎えは基本的に自分が行っている．雨の日，仕事があるとき，荷物が多い日などは父親が車で子どもの迎えに行ってもらっている．毎週日曜日には自分の部屋の片づけのヘルパーなどを利用している．子育ての知識や情報は保健師さんから聞いている．

　生活費は，就労支援 A 型で働いた賃金，児童扶養手当，児童手当で，来月からは障害年金が入る予定である．ネットショッピングでの衝動買いなどお金の管理が難しく社協の権利擁護の支援を利用している．元夫からの連絡はなく，養育費や交流もない．

【事例 10】子の父が親に頼ってばかりで働かないため離別した未婚の事例：　　　　Jさん

未婚　出産 17 歳（相手 20 歳）

　学校が嫌いだったので通信高校に進学し，コンビニや居酒屋をかけもちで働き，月 10–15 万円稼いでいた．妊娠が分かって（妊娠 4 カ月），妊娠 5 カ月頃子の父の実家へ行った（他市）．妊娠はたまたまだったがうれしかった．子の父はびっくりしていた．自分の親は「自分で子育てするなら」と認めてくれて，子の父の親は喜んでいた．

　子の父の実家に行くことになり仕事を辞め，その後仕事はしていない．子の父の実家での生活費は子の父の親から出してもらい，病院代，他の必要なものは自分のバイトの貯金を使っていた．子の父は何でも親に頼っていて働かず，経済的価値観が合わなかったので，子の父とは別れ，自分の実家へ戻った（妊娠 9 カ月）．

　母，姉，姉の子，自分，自分の子の 5 人で暮らしている．

　実家では親が生活費を払っている．家事は母親，子どものことは全部自分でしている．子どもに必要なものは，今までの貯金（妊娠前にバイトしていたもの），児童扶養手当，児童手当から出している．家に 1 万円をいれて，携帯代，残り

は貯金している．貯金をしているけれど，働いていないので増える予定がない．健康保険は母親に自分も子どもも扶養されている．児童扶養手当や児童手当は，母親が手続きをしている．1カ月に一度保健師の家庭訪問がある．通信高校在学している．

　子の父とは連絡を取っていない．相手の親とはたまに連絡をとっている．子の父は認知している．養育費は最初だけ払いその後払わない．別れるとき養育費を払うなら会わせるという約束だったから，会わせていない．

若年出産家庭の養育の課題と対応について

① 子の母の抱える問題

　離別後の養育状況を見ていくと，Aさんを除く9人の子の母が子どもを育て，8人が子の母の実家で家族と同居をしていた．子の母が働き，子が保育園に通うなど新たな生活が始まっても実家で暮らし続けているケースは6ケースあった．そのうち5人は「実家を出たい」と述べている．

　　「父親がうるさい．家にいることがストレス．父は夫婦喧嘩をしているときに，「死ね」などの暴言をはく．それを子どもに聞かせたくない．」（Hさん），

　　「高校生のころからだけど今もお父さんの性格が嫌い．アルコールを飲むとき特に嫌だなと思う．」（Fさん）

　　「別居しているならしかたないってお父さんが言って，3カ月間の条件で実家に戻っていいってことになった．だから，家を出なきゃいけない，頼れない．」（Iさん）

　子の母と家族，特に父親との関係が良好でない状況であった．子の母となり子どもの親になっていても，実家に世話になることをあたり前と感じていて，親の至らない点を挙げ子どもの気持ちままの姿がみられた．

　彼女たちが家を出ていかない理由として，以下のように述べている．

　　「娘が2歳でかかわりが難しい．家を出ると親の援助がなくなり怖い気もする．実家の近くにある公営住宅を申し込んだけど落ちた．民間のアパートも高いの

で…，家を出るのは急いではない.」(H さん)

　　「今は車の免許がないので，保育園の送迎も自分だけではできていない状況.
生活費もどうにかやりくりすることも大変なので，子どもと二人暮らしは難し
い. 今は免許を取るお金を貯めなくてはならないから節約している.」(I さん)

　　「子どもと出るつもりだったけど，仕事が夜 7 時半まであって保育園の送り迎
えをするのが難しいから.」(C さん)

　「経済的に自立できない」，「子育てが不安」，「公的な支援を利用するための
支援が必要である」などの理由で実家を出られずにいた. 子どもといつかは家
を出て独立したいと考えながら，「いつか」の目途がたっていなかった.
　子の母が経済的に自立できない背景には，妊娠以前に不安定な雇用状況で働
き，妊娠をきっかけに仕事を辞めていて，子どもの出産に至るまで就労・社会
経験を積む期間が短い点にある. また妊娠しても就労を継続していた G さん
と H さんは，非正規雇用で出産後も同じ仕事をしていた.
　介護施設に 4 年間働く H さんは，非正規雇用で育休が取れず出産後 2 ヵ月
で働き始めた.

　　「介護の資格を取って給料を増やしたい. でも，両親は二人とも仕事をしてい
　　る. 父親は子どもの面倒は見ないし，母親はシフト制の仕事で休みがバラバラ.
　　母親と休みを調整するのが難しいので，資格を取るのは難しい.」(H さん)

　家族と同居しているが，同居している家族も就労や通学しているため，子ど
もの世話は主として H さん自身がしなければならず，キャリアを積むことを
先延ばしにせざるを得ない状況にある. 誰かに子育てを頼れる状況にない場合，
子どもとの生活に支障がない仕事を選ばざるを得ない. こうした状況は，ひと
り親の世帯の多くが直面する仕事と子育ての両立の課題であるが，実家で暮ら
す若年で出産した子の母も同様であった.
　また，若年で出産した子の母は，出産後あらたな就職先を見つけること，経
済的に自立することの厳しさに直面することもある.
　通信高校に通う G さんは，

　「昨年4月から週一回のスクーリングで高卒の資格を取るので通信制に通って
　いる．小・中の勉強が分からないので大変．アルバイトを探すけど，学歴もな
　いので，働けるのは居酒屋くらい．学校に行かなかったら，言葉もわからず，
　世間のこともわからず，子どもを育てるのに給料も足りない．学歴が必要だな
　と思った．勉強もできないので，子どもが大きくなって教えられないと恥ずか
　しい．勉強がやりたいと思った．」（Gさん）

と語っている．Gさんは，高校に進学せず，居酒屋でアルバイトを5・6年ほ
ど続けているが，賃金が上がらず，給料の良い仕事に変わることができなかっ
た．児童手当や児童扶養手当とアルバイトで子どもと暮らしているが，生活経
済的な基盤を整えにくい状況を実感している．

　今回のインタビューの10ケースの子の母は，高校卒業4ケース，高等学校
卒業程度認定1ケース，中学校卒業2ケース，通信高校に在籍している3ケー
スで，高校卒業の資格を得られていない人が半数いる．居住場所や生活費の確
保，家事など生活基盤を整え子どものいる日常生活を安定的に行うことは容易
なことではない．若年出産の子の母が安定した暮らしを行うために，自分の将
来の設計をするための支援，キャリアへの支援，就労支援，生活支援などが必
要である．

　② 子の父の課題と支援
　子の父の年齢は，10代が5人，20代前半が4人，20代後半が1人で，定職
に就いているのは2ケース，複数のアルバイトを掛け持ちしていたのは3ケー
ス，残りの5ケースは出産後も子の父が無職であった．無職の子の父のなかに
は，通信高校に在学していたり，専門学校に通っていたりする人もいた．

　「ガソリンスタンド，自動車整備，バーなど，知り合いのところでばかりで仕
　事を選び働きやすさばかりを重視していた．」（Dさん）

　「ひとり親になったのは，相手が働かないこと．離婚について嫌だと言ってい
　たけれど仕事はしない．仕事をしても1カ月も続かない．」（Iさん）

仕事をしていても，子の父の就労は不安定なうえ，就労意欲も高いとはいえ

なかった.

　近年，男性の育児休業取得率が上昇し，「イクメン」が社会の中で浸透しつ[27]つある．[28]その一方，今回の調査の子の父は，

　　　「『遊びたい』，『飲みたい』と言い，お金を入れない．（子の父は）子どもをか
　　　わいがらず，『1歳まで子どもを見て，お前が仕事をしろ』と言われ，相手が
　　　帰ってこない状態になった.」（Dさん）

　　　「『将来のために資格をとる』と言って，同じような資格が取れる専門学校は
　　　県内にもあるのに，県外の専門学校に行った．（子の父は）バイトもせず，お金
　　　も全く入れなかった．（子の父の）学費などは相手（子の父）の親が払っていた．
　　　それ以外の家計費はすべて私が，以前働いていた時の貯金を使っていた.」（C
　　　さん）

　　　「（子の父は）アルバイトしていたけどギャンブルしていて借金もあって，家に
　　　はお金を入れなかった．借金の清算は（子の父の）親がして，お金も（子の父に）
　　　渡していた.」（Aさん）

　　　「顔，名前，誕生は伝えたけど会いに来ない」（Fさん）

　など，積極的に子ども関わっているケースは見られず，子育てよりも自分の
思いを優先し，生活も子育ても子の母や自分の親任せであった．また，子の父
自身自分の将来の見通しが持てていない様子であった．
　子の父の年齢だけを考えると，子の父が若者としての生活を送りたいと望ん
でいることは理解できても，子の父であれば，子の父としての役割意識をもち
環境を整えることが必要である．子の父の将来支援の支援，安定した生活を営
めるための就労支援，子どものかかわりや子育てに関する知識への支援などが
求められる．

③ 離別前後の子育て家庭を支える支援のしくみづくり
　妊娠して子の父が出産に反対したケースはなく，子の母は子の父と一緒に子

どもを育ていくつもりでいた．しかし，未婚の４ケースは出産前に，３ケースは子どもが１歳未満で子の父と離別していた．

「平成28年度全国ひとり親世帯等調査」では，母子世帯の母で，養育費の取り決めをしていないのは離婚の場合50.9％，未婚の場合は83.9％で，面会交流については離婚の場合68.4％，未婚の場合は88.3％で取り決めをしていない[29]．

今回の調査で，養育費の取り決めをし，継続的に養育費が支払われているのはDさんだけであった．取り決めをしていても１度だけの支払いのJさん，子の母が子どもを育てている残り７ケースは子の父から養育費は支払われていなかった．また，子の父と子どもとの交流があるのは，Eさんのケースだけであった．

前述の全国ひとり親世帯等調査で，養育費も子どもの面会交流の取り決めも取り決めしていない理由の第一位に「相手と関わりたくない」が挙げられている[30]．今回のインタビューでも，子の父との関係について，「絶対にない」（Fさん），「かかわりたくない」（Cさん），「かかわるつもりはない」（Bさん）と話していた．離別の理由は，「仕事をしない」（5人），「借金」，「お金を入れない」，「暴力」，「浮気」，「子どもに関心がない」，（各3人），「帰ってこない」（2人），「ギャンブル」（1名），「連絡が取れなくなった」（1名）（複数回答）などさまざまであった．「（子の父が）仕事をしない」など経済的な状況を離別の理由としているが，子の母たちは子どもを0歳から保育園に預け（7ケース），子の母も就労し，子の父と子どもとの生活を維持しようとしていた．離別が単に子の父の経済力不足によるだけではなく，自分や子どもを大切にしていない言動や態度などの累々した経験によって，子の母に子の父とは「かかわりたくない」，「子どもに会わせたくない」という思いに至っていた．

妊娠期に新たな彼女ができて未婚の母になったFさんは，面会交流や養育費の取り決めをせず，子の父との関係について，

> 「これから，（元夫と）かかわることは，絶対ない．でも，子どもがパパのことを聞いてきたら考えるつもり．」（Fさん）

と幼い子どもの思いに寄り添いたいと思っていた．

　インタビューでは，子どもが幼いため子どもの育ちにかかる経済的な負担が
少なく，また，子育ても公的支援・実家の支援で補える状況であったので，子
の父の支援の必要性は切実ではなかった．ただ，子どもが成長し，教育や生活
に費用がかかるようになっても母の経済状況が整わない場合や，また子どもに
とって頼れる存在が必要になる場合には，子の父からの支援がときに必要とな
る．子どもの未来を支えていく一つの方策として，子の父と子どもの関係は離
別後も維持し，また関係が整っていない場合は新たにつくることが求められる．
　しかしながら，離別後子の母と子の父の間の，パートナーであるという関係
は破綻していて，さらに子の母，子の父ともに離別に至るまでに相手に対する
複雑な感情をそれぞれ抱いている．離別後に親役割を果たすためには，速やか
に子どもとの交流や養育費について考え，話し合い，決定しなければならない
が，子の母と子の父との間にすぐに新たなかつ良好な関係性をつくることは困
難といえる．そのため，離別前後にはそれぞれの親に対して，まず心のケアが
行われる必要がある．子どもが双方の親から支援を受けることを保障するため
には，離別による複雑な思いや悩みや不安に寄り添う支援，そして相談する場
所や人など機会の充実，第三者を介した交渉等の支援など子育て家庭を支える
しくみを整えることが求められる．

④ ステップファミリーの中での子どもに果たす子の父の役割

　子の父と離別後，新しい夫との間に子どもが生まれ，夫の大家族と同居して
いるDさん．1カ月後に新たな相手と結婚を決めた妊娠9カ月のGさん．彼
女たちは新たな家族（子ども）をつくり，新たなパートナーに子の父の役割を
果たしてもらうことにした．

　　　「シングルになったとき，1人で育てるのって，子どもがかわいそうだなぁと
　　　思った」（Gさん）

　1人で子育てをするよりも一緒に子育てできる人がいるほうがいいと考えて
いた．未婚のBさん・Hさんは，将来の結婚について，

　　　「将来，彼氏は欲しいけど，今はいない．いつか，結婚して子どもが欲しい．

大家族になりたい.」（Hさん）

「子どもと一緒にいれるなら，いつか誰かと結婚したい.」（Bさん）

将来はだれかと付き合い，結婚し新たな家庭を築くことを望んでいた.

「今付き合っている人がいる．子どももなついている．結婚のことを今は考えていない．子どもが小学校に入るまで今のままでいいかなと思っている.」（Cさん）

「シングルマザーだからさみしい思いをさせていないかって不安になる．結婚したいかは，まだわからないけど，年下の彼氏がいる.」（Fさん）

子どものことを気にかけながらつきあっていた.

日本では 2020 年，約 52 万件の婚姻数に対して，結婚する者に占める再婚者の割合は，男性 19.4%，女性 16.8% で，結婚するものに占める再婚者の割合は男女ともに増加傾向にある．結婚するカップルのうち「夫妻どちらかが再婚」である場合は約 14 万件で総婚姻数の 26.4% を占め，4 分の 1 は再婚カップルであった.[31]

彼女たちは年齢も若く，新しいパートナーと関係を築くと考えられ，ステップファミリーになる可能性も高い．ただ，ステップファミリー[32]は課題も多く，児童虐待の中には，養父による虐待が散見され，「子どもの虐待死亡事例報告書」には，ステップファミリーへの支援の必要性が指摘されている[33]．現在，ステップファミリーの課題に向けた支援方法の構築が模索されている［小榮住 2020: 23-34］.

また，両親の離別後，子どもの法律上の親がつくられ，父親の役割が実父から継父へと交替するという従来の家族のとらえ方が，実父の養育責任や子どもとの関係性があいまいにし［野沢 2020: 67-83］，ひいては子どもが持っているはずの実父や実父の家族と子どもの関係もなくなってしまいかねない.

今回のインタビューでは，子どもの実父に対しての特別な思いを持っている様子や，子の父が子どもに関心をもって積極的にかかわろうとする姿はなかったが，子の父の家族が子どもの成長を気にかけている状況がみられた.

　　「相手（子の父）のお父さんはいい人だった．（相手のお父さんは）孫が気になるようで，プレゼントをくれる．半年に１度は会っている．」（Bさん）

　　「相手（子の父）とは連絡を取っていないが，相手（子の父）の親とはたまに連絡を取る」（Jさん）

　また，子どもと引き離された A さんは，

　　「子どもが中学生のとき私（Aさん）の職場に突然会いに来てくれた．それから子どもと会うようになった．」

と話していた．

　子にとっての特別な居場所となる可能性があるならば，離別後も子の持つ人的資源は子どものために維持し，保障していくことのできる方法を模索し，親の離別が子のもつ資源を狭めてしまうことがないとらえ方が必要である．

　おわりに

　2020 年，離婚件数は約 21 万件で，そのうち親が離婚した未成年の子は約 19 万人に上り，嫡出児でない子の出産は 2 万人であった．[34] 毎年約 20 万人の子どもがひとり親家庭となっている．昨今ひとり親家庭の貧困が明らかになっており，子どもが生まれや育ちにかかわらず自分らしく生きることができる環境を整えることは急務である．そういったなかで，子の福祉のための基盤づくりとして共同養育は一定の役割を果たすであろう．ただ，インタビューの中で知った子の父に関する子の母のつらい経験や，増加している児童虐待相談をみると，共同養育で子の状況の改善になりうるのか疑問も残る．子どもを支えるハードとしての制度と，子どもの気持ちを支えるソフト面の支援も同時に整えていくことが必要であると考える．

　　付記　今回インタビュー調査に答えていただいた方々，またインタビューに協力していただいた方々に感謝申し上げます．
　　　また，本章第 3 節（2）は，JSPS 科研費 JP16K04242 の助成を受けたものです．

注

1）司法統計によると，全家庭裁判所における監護事件の新受件数（調停・審判）は，おおむね増加傾向にあり，平均審理期間も長期化傾向にある．養育費請求事件等と比べて審理が長期化する傾向がある面会交流，子の監護者の指定及び子の引渡しの各事件が最近一貫して増加していることが挙げられている．なお，審理期間及び期日間隔が令和2年に前回より長期化した背景には，新型コロナウイルス感染症の感染拡大の影響もあるものと思われると説明されている（「裁判の迅速化に係る検証に関する報告書（第9回）」（令和3年7月30日公表），http://www.courts.go.jp，2022年1月12日閲覧）．

2）令和2年度の件数は，新型コロナウイルス感染拡大の影響が考えられ，ここでは取り上げないこととする．

3）なお，ハーグ条約とは，HCCHで作成された国際私法条約の総称のことであり，『国際的な子の奪取の民事上の側面に関する条約』のみを指すわけではないが，本文中でのハーグ条約は『国際的な子の奪取の民事上の側面に関する条約』を指すことにする．

4）2021年10月1日現在の加盟国は，アジアでは，シンガポール，スリランカ，タイ，韓国，中国（香港，マカオのみ），日本，パキスタン（日本とは未発効），フィリピンの8カ国が，北米ではアメリカとカナダの2カ国が，中南米ではアルゼンチン，ウルグアイ，エクアドルなど26カ国が，欧州ではアイスランド，アイルランドなど48カ国が，中東ではイスラエル，イラク，トルコの3カ国が，アフリカではガボン，ギニアなど11カ国が，大洋州ではオーストラリア，ニュージーランド，フィジーの3カ国の計101カ国である（「ハーグ条約実施状況」外務省領事局ハーグ条約室）．

5）外務省「ハーグ条約と国内実施法の概要」より（https://www.mofa.go.jp/mofaj/fp/hr_ha/page22_000843.html#section1，2021年12月15日閲覧）．

6）日本におけるハーグ条約の実施法28条に基づき，子どもの返還の要請を受けた裁判所は次の①から⑥の返還拒否事由のいずれかがある場合，この返還を認めない場合がある．① 連れ去りの時又は留置の開始の時から1年を経過した後に裁判所に申立てがされ，子が新たな環境に適応している場合 ② 申立人が連れ去りの時又は留置の開始の時に現実に監護の権利を行使していなかった場合 ③ 申立人が連れ去りの前又は留置の開始の前に同意し，又は連れ去りの後又は留置の開始の後に承諾した場合 ④ 常居所地国に子を返還することによって，子の心身に害悪を及ぼすこと，その他子を耐え難い状況に置くこととなる重大な危険がある場合 ⑤ 子の年齢及び発達の程度に照らして子の意見を考慮することが適当である場合において，子が常居所地国に返還されることを拒んでいる場合 ⑥ 常居所地国に子を返還することが日本国における人権及び基本的自由の保護に関する基本原則により認められない場合．

7）2019（令和元）年5月10日，「民事執行法及び国際的な子の奪取の民事上の側面に関する条約の実施に関する法律の一部を改正する法律」が可決・成立し，国際的な子の奪取の民事上の側面に関する条約の実施に関する法律の一部が改正され，2020（令和2）年4月1日より施行された．子どもの引き渡しに関する主な改正内容は，強制執行及び代替執行などについての新しいルールが作られたことが挙げられる．

8）抜粋部分の翻訳は政府訳によるものである．

9）令和 3 年 8 月法務省民事局「戸籍届書の様式変更について」では，デジタル社会の形成を図るための関係法律の整備に関する法律（令和 3 年法律第 37 号）が本年 5 月 19 日に公布され，同法により戸籍法（昭和 22 年法律第 224 号）の一部が改正され，令和 3 年 9 月 1 日から施行されることに伴い，戸籍法施行規則の一部を改正する省令（令和 3 年法務省令第 40 号）が本年 8 月 27 日に公布され，本年 9 月 1 日から施行されることとなり，この改正を踏まえ，令和 3 年 8 月 27 日付けで，民事局長通達「戸籍届書の標準様式の全部改正について」が発出され，本年 9 月 1 日から施行されることとなったことが記されている．これに伴い，図 2 - 7 は令和 3 年 9 月 1 日現在の離婚届けの様式である．

10）「すべての子どもの安心と希望の実現プロジェクト」の「Ⅰ　ひとり親家庭・多子世帯等自立応援プロジェクト」にて「生活を応援」の中で「養育費の確保支援」の一つとして挙げられている．

11）法務省民事局「父母の離婚後の子育てに関する法制度の調査・検討状況について」「1 離婚後の子育て全般に関する調査・検討について」「離婚届の面会交流及び養育費のチェック欄の集計結果」より（https://www.moj.go.jp/MINJI/minji07_00156.html，2021 年 12 月 25 日閲覧）．

12）『判例時報』2309 号，2016 年．

13）『判例時報』2325 号，2017 年．

14）FAMILY PROBLEMS INFORMATION CENTER（公益社団法人家庭問題情報センター）．元家庭裁判所調査官たちが，経験と専門性を活用し，健全な家庭生活実現に向けての貢献することを目的に設立．家族内や人間関係についての相談支援や夫婦間や子どもに関する調停手続き（ADR）を行うほか，両親の離婚に伴う子どもとの面会交流援助，ハーグ条約に基づく面会交流支援などを行っている（公益社団法人家庭問題情報センター．参照先：FPIC の業務内容：http://www1.odn.ne.jp/fpic/，2021 年 12 月 24 日閲覧）．

15）民事訴訟法第 318 条第 1 項に，上告をすべき裁判所が最高裁判所である場合には，最高裁判所は，原判決に最高裁判所の判例（これがない場合にあっては，大審院又は上告裁判所若しくは控訴裁判所である高等裁判所の判例）と相反する判断がある事件その他の法令の解釈に関する重要な事項を含むものと認められる事件について，申立てにより，決定で，上告審として事件を受理することができる，とある．この民訴法 318 条 1 項により受理すべきものとは認められないとして不受理となった．

16）『判例時報』2325 号，2017 年，80-81 ページ．

17）『判例時報』2325 号，2017 年．

18）最高裁判所民事判例集．

19）US Department of State, 2018.

20）US Department of State, 2019.

21）本調査研究は，熊本学園大学倫理調査審査会の承認を得て行った（承認日付：日本調

査研究 2016/ 7 /13). 倫理調査審査会での本調査承認後, 2016 年 9 月に熊本市内で母子福祉関連施設等にて協力依頼を行った. 同年 4 月の熊本地震の影響でその後閉鎖になる所もあったなどの事情上, この実施時期になった.

22) インタビューを承諾した対象者数が限られており, また特性にも何らかの偏りがあると思われるので, 本調査結果は一般化出来ない. しかしながら, 離別後の親権や共同養育の実際を知る上で, 様々な状況にある当時事者理解に資するデータとして受け止め, 分析することにする.

23) 親権者が母親の 1 名は, 海外での離婚であった. 今回のインタビュー対象の母親たちには, 監護権のみの母親はいなかった.

24) 2021 年 7 月発行の「法務省だより　あかれんが」第 39 号では, 法務省による離別後の面会交流を促す 3 つのリーフレット①「夫婦が離婚するときに〜子どものために話し合っておくこと」, ②「面会交流 1 〜子どもたちのすこやかな成長をねがって」, ③「面会交流 2 〜実りある親子の交流をつづけるために」が紹介されている.

25) 母親の語りにある年齢は調査時点の年齢である.

26)「子ども虐待による死亡事例等の検証結果等について（第 15 次報告）令和元年 8 月」「若年（10 代）妊娠」が 14 人（26.9%）であった. 第 3 次報告から第 15 次報告までの推移でみると,「予期しない妊娠／計画していない妊娠」「妊婦健診未受診」「母子健康手帳の未交付」「若年（10 代）妊娠」については, 継続的に高い水準で事例の発生がみられる.

　　特に,「若年（10 代）妊娠」についてみると, 一方で, 心中以外の虐待死事例における「若年（10 代）妊娠」の平均割合は 17.8% であり, その割合の高さは顕著である.

27) 厚生労働省『令和 2 年度雇用均等基本調査』R2 調査結果の概要（事業所）(https://www.mhlw.go.jp/toukei/list/dl/71-r02/03.pdf, 2021 年 12 月 9 日閲覧).

28)「パパの育児参加状況実態調査」男性版産休・育休応援プロジェクトと株式会社明治が行った調査では子育て中のパパが「育児にできる限りかかわりたい」と 97.0% が回答したという調査結果もある. 全国の 0 歳児育児中の 25 歳〜39 歳の男性 590 名インターネット調査 2021 年 6 月 4 日〜 6 月 10 日 (https://prtimes.jp/main/html/rd/p/000000001.000055258.html, 2021 年 12 月 17 日閲覧).

29) 厚生労働省『平成 28 年度全国ひとり親世帯等調査』(https://www.mhlw.go.jp/file/06-Seisakujouhou-11920000-Kodomokateikyoku/0000188169.pdf, 2021 年 12 月 17 日閲覧).

30) 前掲『平成 28 年度全国ひとり親世帯等調査』(https://www.mhlw.go.jp/file/06-Seisakujouhou-11920000-Kodomokateikyoku/0000188168.pdf, 2021 年 12 月 11 日閲覧). 面会取り決めをしていない主な理由として「相手と関わりたくない」(25.0%),「取り決めしなくても交流できる」(18.9%),「相手が面会交流を希望しない」(13.6%) となっている.「相手が養育費を支払わない又は支払えない」(6.3%) 母子世帯のうち, 養育費取り決めをしていない主な理由として「相手と関わりたくない」(31.4%),「相手に支払う能力がないと思った」(20.8%),「相手に支払う意思がないと思った」

（17.8％）となっている.

31）厚生労働省『令和 2 年度雇用均等基本調査』R2 調査結果の概要（事業所）（https://
　　www.mhlw.go.jp/toukei/list/dl/71-r02/03.pdf，2021 年 12 月 9 日閲覧）.

32）ステップファミリーとは，再婚（事実婚含む）により，夫婦のいずれかと生物学的に
　　は親子関係のない子ども（養子縁組をしている場合は，法的には親子関係が存在する）
　　がともに生活する家族形態（https://www.mhlw.go.jp/file/06-Seisakujouhou-11900000-
　　Koyoukintoujidoukateikyoku/0000177956.pdf，12 月 10 日閲覧）.「子ども虐待死亡事例
　　等の検証結果等について」（第 13 次報告　4．個別ヒアリング，p.188）（https://www.
　　mhlw.go.jp/file/06-Seisakujouhou-11900000-Koyoukintoujidoukateikyoku/0000177956.pdf，
　　12 月 10 日閲覧）.

33）前掲「子ども虐待死亡事例等の検証結果等について」（第 13 次報告　4．個別ヒアリ
　　ング，p.188）.

34）厚生労働省「令和 2 年度人口動態統計」.

参考文献

〈欧文献〉

Andersen, E. G.［1997］“Hybrid or Unique? The Distinctiveness of the Japanese Welfare
　　State,” *Journal of European Social Policy,* 7（3）.

〈邦文献〉

厚生労働省［2017］「平成 28 年度 全国ひとり親世帯等調査結果報告」厚生労働省.

小榮住まゆ子［2020］「わが国におけるステップファミリーの現状と子ども家庭福祉の課題
　　──ソーシャルワークの視点から──」『人間関係学研究』（椙山女学園大学），18.

榊原富士子・池田清貴［2017］『親権と子ども』岩波書店.

東京家事事件研究会編［2015］『家事事件・人事訴訟事件の実務──家事事件手続法の趣旨
　　を踏まえて──』法曹会.

野沢慎司［2020］「スッテプファミリーにおける親子関係・継親子関係と子どもの福祉──
　　子どもにとって『親』とは誰か」『福祉社会学研究』17（https://www.jstage.jst.go.
　　jp/article/jws/17/0/17_67/_pdf/-char/ja，2021 年 12 月 10 日閲覧）.

山西裕美［2018a］「日本における離別後の親権と共同養育における課題についての一考察」
　　『社会福祉研究所報』（熊本学園大学），46.

────［2018b］「離別後の親権についての日韓比較研究」『海外事情研究』（熊本学園大
　　学），46.

山西裕美・周典芳［2018］「離別後の親権についての日台比較研究──制度の視点からの一
　　考察」『社会関係研究』23（1）.

第 3 章

台湾の離別後の共同養育

1　台湾の子どものいる離別後の親権者の動向

（1）　台湾における離婚の現状

　台湾の人口データベースによると，2020 年結婚率は 5.06‰に対して，離婚率（crude divorce rate）は 2.15‰である［中華民国内政部戸政司 2020］．また，婚姻期間からみれば，結婚 5 年未満で離婚した者がもっとも多く，34.29％を占めている．続いて 5 年から 9 年までの離婚は 21.73％．婚姻期間 10 年以上 30 年未満のカップルは，婚姻期間の長期化につれ，離婚件数が減少する傾向がみられるが，結婚 30 年以上のカップルの離婚件数が少々上がってきた［内政部統計處 2019］．データからみれば，現在台湾において，離婚は特例でなくなり，普遍的な現象ともいえる．したがって，離婚現象および離婚に生じる諸問題をより深く理解し，対応するための適切な方針を議論する必要がある．

（2）　台湾の離別後の親権制度

離婚後親権の決定

　台湾における親権の裁量方針は，家庭の自主性を尊重する原則に基づいたものである．夫婦が協議離婚，調停離婚，裁判離婚のいずれにせよ，子どもの親権は夫婦の合意によって決める．親権が決まらない場合には，家庭裁判所に申し立て，親権者の指定を求める調停を通じて親権者を決めていくことになる．さらに，民法第 1055-1 条によると，裁判所が親権の決定を下すときは，子どもの最善の利益を考慮し，社会福祉士の訪問報告書を参照してから，親権者を決める．

　1996 年に改正された民法第 1055 条と 2012 年に実行された家事事件法（Family Proceedings Act）第 23 条，第 24 条によると，台湾で離婚した後，子どもの親権者として定めるためには，以下の三つの方法がある．

　　1. 協議：話し合って親権者を決める．あるいは離婚協議相談（家事相談）において専門家の意見により，親権者，面会交流，養育費などについて話し合う．

　2．裁判：協議ができない場合，提訴して裁判官が決める．家事事件法によっ
　　　て，裁判の前に，家事調停を行う．調停の段階で合意に達した場合，その
　　　結果の効力は裁判に準ずる．

　3．親権の改定：一度親権が決まったあとで，もしその親権者が不適任である
　　　ことがわかれば，相手との協議によって，親権を改定できる．不適任とは，
　　　たとえば，子どもの虐待，面会交流の拒否，重病にかかるなどの場合であ
　　　る．もし合意に達しない場合，裁判によって改定を求めることができる．

　離婚後の親権の決定は，以上のいくつかの要素およびその他の影響を考量し
て決められる．台湾の法務部が 2014 年に出した「法院依民法第 1055 條酌定或
改定未成年子女之親權人之參考原則」により，親権の適任者の判断基準は，以
下のような原則に沿って決める[法務部 2014]．

　1．子どもの年齢：幼い子の親権を母親に決める原則．
　　　子どもが幼児の場合，母親の養育が必要であると考えられているため，特
　　　別な事情がない限り，通常は母親が適任者と考えられる．

　2．子どもの意思：子どもの意思を尊重する原則．
　　　家事事件審理細則の第 107 条第 2 項は，子どもは 7 歳以上の未成年者の場
　　　合，親権者を決める前に，子どもの意見を聞くべきだとしている．ただし，
　　　聞けない，または，子どもの健康に危害を与える場合，制限の対象とはなら
　　　ない．子どもの意思は他人の影響を受けやすく，変化もしやすいので，子ど
　　　もの年齢，性別，心身の成長をしっかりと把握する必要がある．

　3．子どもの適応：現状維持原則．
　　　生活環境または保護者の頻繁な変化は，未成年の子どもを不安定な状態に
　　　置き，精神的負担を与える．子どもの健全な成長を確保するためには，親や
　　　保護者と未成年の子どもとの関係を途切れることなく，継続する必要がある
　　　ので，子どもの今までの世話に注意を払い，親とのつながりを考慮し，未成
　　　年の子どもの現在の状況を考えて，親権者を決める．

　4．子どもの人数：兄弟姉妹一緒に暮らす原則．
　　　幼い子どもが複数いる場合，兄弟姉妹が一緒に暮らせるように，同じ親に
　　　親権を指定する原則である．しかし，子どもたちが一定の年齢に達すると，

本人の意思によって，同じ親の元に一緒に暮らさないケースもある．

　加えて，両親の健康状態と性格，経済能力，子育ての意欲と態度，子どもを片方の親に面会交流させることに対する理解を重視する，などの要素も比較項目として，親権者の判断基準とされる．つまり，フレンドリーペアレント原則である．

　台湾士林地方裁判所の判例によると，裁判離婚の場合において，裁判所は，母親の方を親権者として定めた割合が高い．しかし，2012 年のデータをみれば，協議によって親権を決める時，父親が親権を持つ比率が高くなってきた．それは，家庭内暴力を受けたり，経済的な面が弱かったり，離婚協議を申し出た時に子どもの親権を請求しない母親が増えてきたからである［台湾士林地方法院統計室 2012］．台湾では，低学歴及び早婚の女性の離婚率が比較的高い．しかも，これらの女性は離婚後に子育てと経済的な問題に直面する可能性がある．したがって，このような女性がシングルマザーになることによる貧困化も深刻になりつつある［中華經濟研究院 2012］．一方，女性の親権に対する考えも，変わりつつある．謝［2008］のインタビュー調査の研究結果から見れば，若い母親，特に 40 歳未満の場合，離婚する際，まず，自分の生活の基盤を確保し，それから子どもの親権や面会交流のことを考えるという傾向が見られる．つまり，離婚しても，女性は，自分が子どもの唯一の養育者であると考えなくなってきた．一方，より高齢の女性は，自分は子育てに適していると考えている．そこには，離婚後の親権に対する年齢による意識の違いが見られる．すなわち，離婚の時，あるいはインタビューを受けた時点で，年齢が 40 歳以下の女性は，子どもより自分を優先し，さらに子どもに対する責任と義務の面において，平等を求めがちとなっている．

離婚が子どもに与える影響

　児童福祉連盟（Child Welfare Coalition）が 2020 年に小学生を対象に行った調査結果によると，親が離婚か別居している状態になっている子どもは 17.45％を占めている．その中で，離婚後の関係が険悪，あるいはお互いに連絡を取ろうとしない親は，合わせて 56.49％を占めている．しかし，親が離婚した子ども

が一番望んでいるのは，別れた両親がいい関係を築くことである．これを期待している子どもは44.23％を占めている．次に離婚した親が自分の気持ちを理解してくれる（42.31％），自分と一緒に過ごす時間をもっと増やすことである（42.31％）［児童福祉連盟 2021］．子どもは親の離婚に関して，受け止めることしかできないが，両親の間における葛藤がいくら激しくても，子どもは親と離れたくない気持ちが調査結果から見えてくる．

　台湾内務省の統計資料によると，毎年ほぼ5万人以上の夫婦が離婚している［内政部統計處 2019］．そのうち，約15％が裁判所の調停や判決を介して離婚している．また，地方裁判所は2016年に，1757人の親権者を変更した．平均して，毎日5人の子どもが両親の親権争いに巻き込まれている．児童福祉連盟［2017］の「両親が離婚した子どものジレンマと親権に関する現状調査報告」によると，両親の離婚によって，子どもが以下の三つの場面に直面することがわかる．

1．どちらかを選ばされる子ども

　　父親か母親かを選ばされる子どもは全体の45.5％で，半数近くいる．親が離婚あるいは別居となった時に，26％の子どもが，片方の親の悪口を聞かされている．21.3％の親は，子どもと相手が連絡をとることを嫌がる．12.9％の子どもが片方の親との面会交流を断絶された．12.1％の子どもは片方の親に連れ去られた．それによって，37.8％の子どもは，親の離婚後に片方の親とほとんど会えなくなってしまっている．

2．親の怒りに巻き込まれる子ども

　　離婚の43.3％に争いや喧嘩が伴うために，10.3％の子どもが，心身的に不安定な親に罵られたり，殴られたりなど，親の八つ当たりの対象となっている．

3．親の伝言役になる子ども

　　42.7％の夫婦は，離婚後に直接連絡を取り合わなくなった．28.3％は離婚後，言葉さえ交わさず，交際を絶った．そのため，59.2％の子どもは両親の間で伝言役を強いられている．

　以上が，台湾において，離婚後に子どもがよく直面するジレンマである．それらの場面は子どもの成長にとって，決して良いとはいえない．ゆえに，離婚

後の親に対し，親としての教育（Parent education program）を強制的に受けさせるべきだという意見もある．沈[2017]の見解によると，離婚した親に対する教育内容は，一般的な内容と個人に対する内容に分かれる．個人に対する教育において，評定のシステムの導入，親と子どもの心のケア，及び地域資源の活用とコミュニティとの連結，などの内容が含まれるべきだとされる．さらに，法的な正当性を得るために，法律の修正や法規の増加も要求される．

離婚後の面会交流と養育費について

　台湾の民法によると，親権を持たない親には，未成年の子どもを支援する義務がある．民法第1084条，第2項目，および第1116-2条は，未成年の子どもを支援する親の義務は，離婚の影響を受けない．台湾士林地方裁判所の子どもの親権に関する判例によると，親権を持ってない親との面会交流の回数は，月二回が最も多い．一晩滞在の割合は約四割から六割であり，それに加えて，冬休み，夏休みや旧暦の新年の期間の面会交流は，別に決められる．また，子どもに自ら親と面会交流の中身を決めさせるのは，満16歳以上の場合が多かった[台湾士林地方法院統計室 2012]．

　また，3年間の離婚裁判のケースから見れば，養育費を負担するのは，被告が父親の場合がもっとも多かった．主に子どもが成人するまで，月ごとに支払う．金額について，まず1人当たりの1年の平均支出を計算すると，県によって多少違いがあるが，子ども1人当たり1カ月約1万台湾元（およそ4万円）かかる，これを参考にし，両親の経済能力を考えて，負担の割合を決める[台湾士林地方法院統計室 2012]．

（3）　台湾の離別後の親権制度の問題点

　1996年の民法改正により，男女平等及び児童の利益を守るというこの二つの原則は，台湾において，離婚後の未成年の子女に対する親権制度の中核となった．そこには，以下の四つのポイントが含まれる．

　①男性優先の家父長制を終わらせた．
　②親権を決める時に，子どもの最善の利益を判定基準とした．

③ 親権の判定を違う分野の専門家との連携や共同で決める.

④ 両親が離婚した時, 20 歳未満の未成年者に適用する.

しかし, 現在の離別後の親権制度には, なお以下の問題点がある.

子どもの最善の利益の判定基準の曖昧さ

夫婦関係の終わりは親子関係の終焉ではない. 台湾は子どもの権利条約の締約国であり, 子どもの権利と利益を条約に従って保護している. 確かに, 1996年の民法改正により, 母親は離婚後の親権の定めにおいて, 父親とより平等になった. 親権の判断も, 子どもの最善の利益を原則として定める. しかし, 子どもにとって, 最善の利益の内容とは一体何だろうか.

前述したように, 台湾の法務省は, 2014 年に提出した「民法第 1055 条に基づく未成年者の親権を決定または修正する原則」[法務部 2014]の中で, 子どもの最善の利益の判断基準を以下の原則に沿って, 決めている.

① 子どもの年齢:幼い子の親権を母親に決める原則.

② 子ども自身の意見:子どもの意思を尊重する原則.

③ 現状維持原則:精神的な負担をかけないようにするため, 生活の場所を変動させない, 子どもの世話を主にする親が親権を持って世話し続ける原則.

④ 兄弟姉妹がいる場合, 親の離婚によってお互いに離れないよう, 一緒に生活させる原則.

⑤ 両親の健康状態と性格, 経済能力, 子育ての意欲と態度, 子どもを片方の親に面会交流させることに対する理解を重視するフレンドリーペアレント原則.

しかし, 幼い子の親権を母親に決める原則は, 女性の性役割を固定化するものであるといえる. 子どもの意思は, しばしば親に左右される. また, 現状維持原則は, 家庭内暴力を受けた女性が離婚裁判において子どもの親権を請求する時に, 家を出て子どもと一緒に生活していない場合, 不利になる可能性がある.

外国人配偶者の親権について

1987 年から中国大陸との交流が再開され，1994 年は台湾政府が「南向政策」（Southern Policy）を実施し，東南アジア諸国への投資が増加する．それに伴って，多くの台湾人男性が，中国や東南アジアの女性と結婚した．それによって，外国人との結婚は，2003 年にピークの 31％に達した．2008 年には 18％に下がった［行政院主計處 2010］が，2020 年 12 月までの統計によると，台湾で生活している外国籍の配偶者人数は 56 万人を超えている［内政部移民署 2021a］．国籍別からみると，中国出身の配偶者は 61.82％で一番多く占めている．次はベトナム人の配偶者 19.55％であり，中国とベトナムで合計八割を占めている［内政部移民署 2021b］．外国人配偶者の数の増加により，言語や文化の誤解，嫁と姑の間の折り合いなど，これまでと異なる家庭内トラブルが生じるようになった．

2018 年のデータでは，離婚したカップルのうち，両方とも台湾人のカップルは 80.93％であるに対して，片方台湾籍ではないカップルは 19.07％を占めている．つまり，離婚したカップルの 5 人に 1 人は国際結婚であった．そのうち，離婚した配偶者は中国，香港，マカオ出身の者がもっとも多く，合計 10.67％を占め，続いて東南アジアは 7.18％であった［内政部統計處 2019］．さらに，台湾風伝媒（The Storm Media）が台湾内務省戸籍局のデータを分析していくと，外国人配偶者が台湾の国籍を取得した後の離婚率は高く，25％である．なかでも，カンボジアの配偶者は国籍を取得した後の離婚率はもっとも高く，33.31％もある．次にはベトナムで，その割合は 26.81％に達し，ミャンマー出身の配偶者は 23.58％，インドネシアの国籍取得後の離婚の割合は 17.21％である．その離婚率は台湾人同士よりはるかに高い．これらの東南アジアの女性，台湾の国籍を取得した後，離婚後 70％は 3 年以内に再婚し，しかも母国の人と再婚するケースが多く，チェーンマイグレーションになってしまう[1]．確かに，チェーンマイグレーションの現象は，最近注目されるようになってきたが，国際結婚の場合，離婚の際，親権にどのような影響を与えるかについて，考えなければならない課題になっている．

また，少子化が激しい台湾において，中国大陸や東南アジアの外国人配偶者との間に生まれた新生児の数は，2017 年に 1 万 1800 人であり，全体的の 6.08％を占めている．これは 2003 年の 13.37％と比べると大幅に減少してき

た[教育部 2018]．しかし，数として少数とはいえない．これらの子どもや親の親権を大事に取り扱うべきである．1996年の民法改正により，離婚後の親権の定めに，子どもの最善の利益を判断基準とすることが盛り込まれた．しかし，王[2014]は，53人の外国人配偶者の離婚と親権の事例を分析して，裁判官が子どもの最善の利益の原則に沿って，親権を決めていないことを明らかにした．それは，経済の格差や文化と言葉の違いによって，裁判官は東南アジアの配偶者が適切な親権者だと考えない傾向が生じる．そのため，政府は外国人配偶者が離婚して親権を請求する時に，支援を与える義務があると呼びかけた[王 2014]．特に，中国の配偶者との間においては，「両岸人民関係条例」が適用されるため，もし離婚後，十日以内に子どもの親権を取得できなければ，居留権も失ってしまう．そこに，居留権と親権を結びつけることの合理性が問われる[陳 2010]．この問題を改善するために，2019年に，台湾の内政部（内務省）が，永住権に関する規定を改正した．離婚後未成年の子どもの世話をし続けるために，中国の配偶者が離婚した後，子どもが20歳成年になるまで，台湾に滞在することが許可された[内政部移民署 2019]．

共同親権による福祉対象の資格の喪失

　台湾では，「特殊境遇家庭」（Family in Hardship）に対して，生活の自立を助けるために，多項目の補助や手当てが与えられる．「特殊境遇家庭」に申請できるのは，家計収入と全財産が一定的の基準以下であり，さらに以下の事情がある場合である．それは，65歳未満且つ配偶者が死亡或いは行方不明，離婚や死別，未婚により，18歳未満の子どもを一人で育てる，且つ経済的に自立できない，あるいは家庭内暴力を受けたり，未婚妊娠の場合など[社会及家庭署 2014]．ただし，特殊境遇家庭の申請からは，共同親権の家庭は排除される．それは，育児の負担が両親に分担すると思われるので，補助を申し込む際，離婚した相手の収入や状況が審査される．ゆえに，子どもの生活手当て，医療手当て，保育手当て，公立の幼稚園に入学する資格，義務教育学費の減免など，共同親権の親は，これらの社会福祉を利用できない．

　2017年に，市議会議員（City Councilman）は，社会局（Social Affairs Bureau）に社会福祉の申し込み資格を見直すべきだと，議会で提唱した[2]．現状からみれば，

共同親権でも相手に子どもの養育費用を分担してもらえない親が多くいる．確かに，親権を持ったからといって，必ずしも実際に扶養の責任を果たすわけではない．社会福祉士の判断によって，子育ての現実を認定するべきである．

2　台湾の子どものいる場合の離婚に関する民法と判例について

　この節では，まず台湾における親権に関する歴史の概略をまとめてから，世間を騒がせた芸能人の親権奪い合いケースを紹介する．この事例は，当時の法廷における親権に関する判定の基準とそれにまつわる論争が含まれている．

（1）　民法改正と離別後の親権の変化

　陳[2015]によると，1683 年から 1895 年までの清政府の支配によって，台湾に大清帝国の法律が適用された．当時，漢民族と原住民との結婚が禁止され，女性は特別の場合しか夫の元を離れてはならなかった．台湾における日本の殖民政権は 1895 年から 1945 年までであり，日本の民法が台湾に適用されたのは，1922 年以降であった．それによって，明治民法における裁判離婚のシステムが台湾に導入され，女性による離婚請求権が確立された[陳 1997]．

　1945 年，台湾は中華民国に返還された．たしかに中華民国の憲法第 7 条に男女平等の条項があるが，漢民族がマジョリティーの台湾社会において，儒教の影響が強く，男性優先の意識が法律にも反映されていた．したがって，1996 年から 2015 年まで民法は 16 回も改正されてきた．民法の改正により，結婚と家庭における性別関係が見直された．さらに，親権において，「父親優先の原則」から「子どもの最善の利益重視の原則」へと変わった[陳 2015]．

　1996 年の民法改正以前は，未成年の子どもを育てる時に，両親の意見が不一致の場合，父親の方に従うと決められていた．つまり，父親が最終的な決定権を持っていた．そこに，親権は父親の固有の権利とする意識をみることができる．離婚する時に，夫婦の間にすれ違いが生まれた場合，子どもに対する親権は父親が持っており，多くの女性は子どものために，破たんしている結婚生活を我慢して，離婚を言い出せなかった．あるいは，離婚する時に，子どもの親権を得るために，離婚の条件として，財産分与や他の権利をあきらめていた．

　「子どもの権利条約」が 1989 年に誕生して以来，それによって明らかにされた「未成年の子どもの最善の利益」の原則は，多くの国々に参考にされ，世界の子どもたちの状況の改善に大きな役割を果たしてきた．台湾も例外ではなく，子どもに関わる課題，法律や政策を条約に沿って改めて考え直してきた．

　女性と子どもの権利と利益の高まりに伴い，1996 年に女性団体の要請により，親権のシステムに関する法律を大幅に改正した．民法における親族編の改正により，「子どもの最善の利益」が親権を決める際の判断基準として確立された．

　1996 年に民法が改正された後，子どもの権利と両親の平等な地位が保たれるようになった．それまでは，父親に親権を持たせていたが，改正された民法の第 1055 条によると，離婚した親は，協議によって，片方，あるいは両方を親権者として定めることができる．もし，協議ができない場合，裁判所が子どもの最善の利益を判断基準として，親権を定めるとされる [行政院主計處 2010]．

（2）　台湾における親権事件

　台湾で一番注目された親権事件は，おそらく芸能人のアリッサ・チアと当時の夫チャーリスとの間の離婚や親権にまつわるものだろう．2005 年にアリッサは娘を出産し，半年後に結婚した．前夫のチャーリスは台湾とアメリカの国籍を持ち，上海に会社を経営する裕福な家庭出身である．

　その 4 年後の 2009 年，アリッサは，涙を流しながら，記者会見を開いた．驚くことに，4 カ月前に旦那のチャーリスは娘を連れ去り，連絡が途絶えた．この 4 カ月間，アリッサは夫のチャーリスと，電話またはテキストメッセージで数回しか連絡できなかった．相手は自分と娘はアメリカにいるといったり，カナダにいるといったりしたが，明白な居場所は教えてくれなかった．では一体，夫は娘をどこに連れ去ったのであろうか．母親の同意を得ずに，娘を国外に連れ出し，母親に娘について知らせないのは，母親の親権を侵害することになる[3]．

　その後アリッサはチャーリスと正式に離婚した．2010 年の 8 月に，子どもの親権をめぐる裁判も決着し，共同親権の判決が下され，父親のチャーリスが主な保護者となり，娘をアメリカの幼稚園に連れて行くことが許可された．ア

リッサは娘を世話をするためにアメリカに会いに行くことができる．裁判所の声明によると，裁判官は，アリッサとチャーリスの財力，環境，子どもの世話に基づき，子どもの両親に対する好感度を評価した．しかし，チャーリスは娘に対する教育プランを提出して，娘をアメリカに留学させられると主張した．特に，裁判官からの，アメリカと台湾での生活，どちらの方が好きかという質問に対して，子どもはアメリカだと答えた．それで，裁判官はチャーリスの方が娘を育てるのに適切だと認めた．しかし，娘は父親か母親のどちらが好きということについて，意志を表すことができなかったため，共同親権に決めた．一方，アリッサはこの親権に関する判決に不満を感じ，そのような判決は子どもを密かに連れ去ることを助長してしまうと批判し，抗告を主張した[4]．

アリッサ・チアのケースでは，結果としては，満足のいくものとなった．彼女は離婚後の財産分与を諦めて，1週間に5日間娘と一緒に生活するという条件を受け入れ，やっと子どもの主な保護者となることができた．あるインタビューの中で，アリッサは，自分も前夫も娘を溺愛しているため，激しい方法で子どもを奪い合ってしまったが，彼女は前夫が娘と会い続け，娘が両親の愛と思いやりに満ちた環境で幸せに成長することを望むと述べている．2017年からは，娘は上海の中学校に進学し，父親のチャーリスと一緒に暮らし始めた．2019年に，アリッサは再婚した夫を連れて，前夫のチャーリスと一緒に娘の卒業式に参加した．そして「無私の愛が私たちを結びつけたのだ」と述べた[5]．

当時，頻繁に報道されたこの事例は，おそらく多くの台湾人に共同親権について考えさせる契機であったといえるだろう．アリッサとチャーリスのケースでは，親権訴訟において，子どもを密かに連れ去って隠したにもかかわらず，卓越した経済力があり，子どもをアメリカに留学させられるなど，保護者として適切であると判断された．しかし，その基準に対して，納得できない人は多かった．女性団体も，このケースについて，台湾の裁判官が親権訴訟において，依然としてジェンダー差別とステレオタイプに満ちていると批判した．特に，これから国境を越えた親権訴訟はますます増えていくだろう．その時，未成年の子どもの最善の利益をどのように守るかが，注目される．共同親権を適用するために，夫婦が離婚した後も，子どもを新しい生活に適応させるために協力して努力するのが，前提である．もし親がお互いに敵意を持ったり，対立が続

いたり，あるいは，離婚した両親の住まいの距離が遠かったりする場合，逆に子どもに心身的な負担を加えて，悪影響を与える可能性があると考えられる．また，四，五歳の子どもの意志を確認するのは簡単なことではなく，直接裁判所で小さい子どもに聞いても，本音を得がたいという問題もある．さらに，子ども本人の意思が子どもの最善の利益に必ずしも合致しているとは限らない．

（3） 共同親権について

1996 年に民法の親族編が改正されたとき，第 1055 条第 1 項に，夫婦が離婚した場合に，子に対する親権を父母の片方，或いは双方が共同に持つように定められた．これにより，離婚後も，男女の法的な平等と，それぞれの親との親子関係の維持が保障できると期待された．

1996 年の民法の改正に伴って，離婚後の親権は親の片方か，あるいは共同で持つようになった．2015 年のデータによると，離婚後に，未成年の子どもの親権を父親が持つ割合はより高く，43.1％を占めていた．母親が持つのは 37％，共同親権は，19.8％であった［行政院主計處 2017］．父親が親権を持つのは，10 年前の 2005 年と比べて，7.6％下がった．父親と母親の差も 12.2％から 6.1％に減った．それに対して，共同親権の割合は 9.2％も増えた．要するに，台湾において，民法の改正により，離婚した親が共同親権を選ぶ割合がますます多くなってきたのだ．また，子どもの性別から見ていくと，女の子の親権者は，父母がほぼ半分ずつを占めていた．しかし，父親が男の子の親権を持つのは，母親より 6％～10％高い．これは，家を継ぐのは男の子にしかできないという伝統的な意識の影響を受けたためと考えられる［行政院主計處 2017］．

台湾の法務省は，2014 年に，「民法第 1055 条に基づく未成年者の親権を決定または修正する原則」を提出した．それは裁判所が親権を審査する時に，基準として参考にするものである．加えて，海外の調査報告に基づいて，共同親権のメリットが以下のようにまとめられている［法務部 2014］．

① 未成年の子どもは両親との頻繁な交流によって意味のある親子関係を維持できる．それによって子どもが親の離婚から受けたショックが緩和される．両親は夫婦でなくなっても，子どもにとっては親である．子どもにこのような

理性的なライフスタイルの学びを促進させられる.

② 両親共に子育てに参与することによって，それぞれが安心感を持つことができる. それで，今後どのように相手と分かち合っていけばよいのか，親としての義務や責任を冷静的に考えられるようになる.

③ 共同親権によって未成年の子どもの将来の生活費用，教育費，医療費などを確保できる. 片方の親の負担を減らせる.

　要するに，両親との交流は，愛情，導き，交流，しつけを通じて，子どもの心理的，物質的な需要を満足させ続けるものであるとされる. 新しい生活環境に慣れるのに，役に立ち，離れた親との生活の混乱を防げる. そこでは，父母が共同で子どもに対して親権を実行して，安全かつ思い遣りのある生活環境を提供するのが，子どもにとって最善な利益であるとされているのだ. これは共同親権に対する期待ともいえる.

　このように，共同親権にはメリットがたくさんあり，現実にも共同親権が増加した. しかし，共同親権を疑問視する人も少なくない. 例えば，上記のアリッサとチャーリスは，結婚後のすれ違いから，子どもを連れ去るに至り，さらにその後離婚や親権裁判では，激しく対立した. 加えて，主な保護者の判断基準に対して，ジェンダー差別とステレオタイプに満ちていると批判された. アリッサとチャーリスのように，お互いに激しい対立を経験した両親は，果たして共同親権の判決に従い，協力的に子どもを育てられるのか，疑問が浮いてくる.

　鄭[2005]はアメリカの研究をまとめて，離婚後に多くの親が前の配偶者と協力的に，子どもに対して親としての責任と義務を果すことができていないことを指摘している. 特に離婚して十年立つと，片方の親は，子どもに対する共同であるべき親権の行使からますます離れていってしまうのだ. これらの親は，共同親権は理想に過ぎない考えだと感じている. 特にアメリカの研究によると，単独親権の親は確かに親としてのプレッシャーを強く感じるが，共同親権の親より親権に対して満足度が高い. したがって，共同親権は離婚後に良い関係を保てる親にしか，そのメリットが実現できないと考えられる[鄭 2005]. したがって，台湾において，共同親権を推進するのは適切なのだろうか. 慎重に検

討を重ねるべきだと指摘する意見もある［劉 2014］.

3　台湾の子どものいる場合の離別後の共同養育の実際

　本節は，既に共同親権を取り入れている台湾のひとり親の当事者としての経験や意見を聞いて，共同親権は子どもの最善な利益を実現しているのかどうかについて，検証する．インタビュー調査は，2017 年 1 月 8 日から 10 日まで 3 日間にわたって台北市内で行った．スノーボール・サンプリングによって，12 名の対象者を集めた．そのうち，共同親権の元に成人した者が 1 人，共同親権の経験者女性 5 人，男性 2 人だった．共同親権の経験の中に，親権の変更を経験した者が 2 人いる．共同親権と対照させるため，単独親権の女性 4 人も入れた．その 4 人の女性の中に，親権を持つのは 3 人，未婚で出産したのは 2 人．対象者一覧は**表 3－1** のとおりである.

　最初にインタビューを受けたのは，T1 と T2 親子，51 歳になった母親と 24 歳になった息子であり，先にインタビューを受けたのは，息子の T2 だった．両親が離婚した時，T2 は 18 歳だった．T2 の目から見れば，親が離婚後，生活面の変わりがあんまりないと感じる．ただ，父親と母親の間に婚姻関係がなくなっただけだ．では，T2 の経験によると，親が離婚した時に，子どもにとって，何が一番大切なのだろうか？

　　やはりコミュニケーションが大事である．もし何も説明もせずに，急に共同親権だといっても，子どももそれほど深く理解はできない.

　T2 の経験によると，夫婦が離婚する時には，子どもに対して，これからの生活や，どのような変化が生じるかを，説明する必要がある．何も説明してくれなければ，共同親権に決めても，子どもは何も理解できない.

　　親が離婚した時，一番心配していたのは，やはり経済的な面であった．うちには子どもが 3 人もいるから，とてもお金がかかると思う．お母さんの月収は 4 万元（およそ 16 万 4000 円）だけ，それじゃ足りない．お父さんの給料の方がずっと高い．もし親 2 人分の給料がなければ，どういう風に生活していくの

表 3-1　対象者一覧

NO.	性別	本人年齢 (調査時点)	子ども年齢 (調査時点)	離婚	親権	養育費	面会交流	特記事項
T1	女性	50代	長男, 次男20代 三男10代	5年前	共同	○	○	元夫(軍人)の浮気で離婚. 息子たちのために元夫との交流維持に努力.
T2*	男性 (息子)	20代	本人	5年前	共同	○	○	T1の長男. 両親の共同養育体制に賛成.
T3	男性	40代	長男・長女10代	5年前	共同に変更	○	○	現在の妻と4歳の娘あり. 子どもたちの共同養育には元妻との葛藤はあるが, 積極的.
T4	女性	40代	長男10代	12年前	共同	△		性格の不一致での離婚だが, 息子は父親と暮らす. 共同養育は順調.
T5	女性	40代	長男10代	5年前	母親	○	○	中国本土出身. 元夫が母親を信用していないので養育費は直接息子に.
T6	女性	40代	長男10代, 長女小学生	未婚	母親	△	△	父親は娘の出産を認めていない. 息子の出産には合意.
T7	女性	50代	長男20代	9年前	父親	×	○	自分は払えるが養育費を息子が受け取らない. 元夫レストランが順調.
T8	女性	30代	長男・長女小学生	2年前	共同	△	△	T9の元妻. 元夫が不倫. 息子は父と, 娘は母と暮らす. 元夫が協力的でないと不満.
T9	男性	30代	長男・長女小学生	2年前	共同	×	△	T8の元夫. 調停の時には, 男だからもっと責任を持つべきと思ったが, 双方の親が責任を持つべきと不満.
T10	女性	40代	長男・長女20代	9年前	共同	○	○	普段は母親と暮らしていた. 不自由だが順調に実施された.
T11	女性	30歳	長女幼児	未婚	単独 (母親) に変更	×	○	相手家族の反対で5年前離別. 各種手続きが不便なので単独親権に変更.
T12	女性	40代	長女小学生	未婚	母親	×	×	4年前離別. 相手家族との同居が子どもに影響.

(出所) 山西・周[2019:17].

　　か?　やはり親の離婚話が出された時, 経済的な面が一番心配だった.

　T2の場合, 両親が離婚した時点で, すでに18歳の大学生になっていた. 母親と父親の経済力の格差をよく理解しているため, もし離婚後, 母親と一緒に生活していくと, 自分の生活費はどうなるかについて, かなり不安を覚えた. そこで, T2は共同親権の方が単独親権より子どもに良いと思う. 経済的な面から考えると, もし父親と会えなくなり, 養育費が切れたら困る. やはり交流があると, 自分の成長にも役に立つ.

　T2 の次に，インタービューを受けたのは，母親の T1 であった．インタビューを受けた時点で，T1 は 51 歳で，小学校の音楽科目の非常勤の先生を担当していた．年収はおよそ 50 万元（およそ 204 万円）ぐらいだった．離婚をしたのは，5 年前の 46 歳の時だった．T2 と前夫の間に，息子が 3 人いて，一番上は，離婚当時 18 歳だった T2 である．離婚協議では，問題なく共同親権に決めた．前夫は軍人だったので，家に週二泊しか泊まらなかった．したがって，3 人の息子は T1 1 人で育ててきたともいえる．前夫は子どもたちの世話ができないため，共同親権に応じてくれた．養育費について，前夫は生活費と教育費の 3 分の 2，T1 は残りの 3 分の 1 を負担するように決めた．さらに，養育費を支払うのは，子どもが成人までではなく，在学中であれば，教育費と生活費をサポートし続ける．要するに，子どもが本当に独立するまで，両親が経済的な支援を与えるべきだと，T1 はそう考えている．

　そして，面会交流について，T1 は別に反対していなかった．しかし，前夫が退職する前は，週に 2 日，T1 と子どもが一緒に住んでいた家に帰ってきて，泊まっていくことに対して，やはり辛く感じた．不倫は前夫の個人的な問題で，夫婦の間の揉め事であり，父親と子どもとの関係に悪影響を与えるべきではないと考えた．前夫の悪口を子どもに言いたくても，抑えてきた．そのうえ，共同親権のため，離婚した後に，会う時にそんなに気まずくならないように，子どもの父親といい関係を保ちたい．そして，離婚する時，親権について，その時の心境は以下のとおりである．

　　単独親権だといえば，確かに誰にも邪魔されずに子どもを育てられる．もし，私の経済力が高ければ，養育と教育費用を考えなくてもいい．しかし，子どもたちが父親との交流を失ってしまう．やはり父親も子どもに対してモデルや見本の機能がある．もし，親権を自分だけに持たせると，子どもたちと父親との関係が切れてしまう．したがって，相手が親権はいらないと言ったら，また別の話になるが，もし相手も親権がほしければ，単独親権に決めるべきではないと思う．

　T1 の個人的な視点から見れば，単独親権の方が気が楽だ．ただ，経済の面の負担が重くなる．しかし，息子 3 人の立場から見ると，やはり父親は男の子

の成長にとって，モデルや見本の機能がある．要するに，息子3人と父親の絆を保つために，T1は共同親権を選んだ．共同親権の経験者として，T1からのアドバイスは以下のとおりである．

　　自分の経験は世界的な標準にはならないと思う．はやり離婚の話を持ち出すときは，2人とも大人として理性的に話し合うべきだと思う．親権の内容について冷静に話し合って，協議で解決するのが一番いい．できれば，調停委員会，ソーシャルワーカー，カウンセラーが付いて，どうすれば子どもに一番いいか，親たちに説明してアドバイスしてあげるのが，必要だと思う．もし意地を張ってお互いに譲れなければ，一番傷ついてしまうのは子どもなのだ．結婚して子どもができると，親は大人の態度を示すべきである．それができなければ，子どもを作るべきではない．いったん結婚すると，簡単に離婚しないようにすべきだと思う．浮気や家庭内暴力は別の話になるが，夫婦間のすれ違いは，ごく普通なことである．

　T1の経験によると，離婚する際，第三者のサポートが必要である．実は，台湾において，離婚の場合，無料で，調停委員会を開く申請ができる．裁判所は，医師，弁護士，心理学者，ソーシャルワーカー，カウンセラー，またはカウンセリングの経験を持つ，または家族の問題に詳しい者を，専門家である調停委員として採用する．調停では，当事者は直接法廷に行く必要はなく，調停委員会において，落ち着いた雰囲気の中で，お互に受け入れられる離婚に対する合意を見いだす．調停の結果は判決と同じ効力を持つ［台湾台南地方法院 2020］．

　三番目にインタビューを受けたのは，男性のT3であった．インタビューを受けた時点で，T3の満年齢は49歳で，離婚したのは，その6年前の43歳の時だった．T3は，前妻との間に，18歳になる息子と15歳の娘がいる．そして，再婚して今の妻との間に4歳の娘がいる．

　T3は，小学校で教師として30年間勤めてきた．現在の年収は98万元（およそ400万）ぐらいである．親権について，前妻との間に生まれた18歳になる息子は，共同親権，15歳になる娘の親権は，前妻の方にある．つまり，息子は共同親権で，娘の方は単独親権である．T3は，同時に共同親権と単独親権の経験者である．しかし，なぜ，2人の子どもの親権は違うのだろうか？

T3 は次のように説明した.

　　　前妻との娘は，僕はもう親権を諦めた．母親の単独親権である．一番上の息
　　子は共同親権で，2人の子どもの親権が違うのは，裁判ではなく，協議で決め
　　た．しかし，話し合いだといっても，前妻に脅かされた．もし娘の親権を彼女
　　に譲らなければ，新しい彼女ができたこと，つまり浮気をしていたことを，勤
　　めている小学校のみんなにばらす．それで面倒だと感じて，娘の親権は前妻に
　　譲った．

　一方，息子の共同親権については，別居してから離婚に至るまで，息子は
ずっと自分と一緒に生活してきた．元々自分だけの単独親権だったが，再婚し
た後に，前妻は気が変わり，自殺するとか，勤めている小学校に T3 は責任の
ない男だと暴露するなどと，脅してきた．T3 は仕方なく，前妻と一緒に市役
所にいって，当時 13 歳の息子の親権を共同親権に変更した．T3 は子どもの
親権の取り決めがよかったとは思わない．特に，娘が中学校に上がると，電話
で連絡するだけになった．もし娘が会いに来なければ，T3 は自ら会いに行く
ことはない．それは，前妻に迷惑をかけたくないからである．

　養育費について，娘の方は単独親権なのに，T3 は月 5000 元（およそ 2 万円）
を前妻に支払っている．しかし，息子は共同親権であるが，養育費はすべて
T3 が負担する．面会交流についても，息子は離婚した母親と父親の住まいを
自由に行ったり来たりしている．T3 は娘には 2 年間も会えていない．それに
ついて，T3 は公平性を求める必要はないと主張する．さらに，自分が再婚し
て，前妻が再婚していないことを自分に言い聞かせ，納得させている．しかし，
共同親権による共同養育について，T3 は以下のようにアドバイスした．

　　　共同親権が，上手くいくためには，養育費を共同負担すべきだと思う．それ
　　を離婚する時に明白に書いた方がいいと思う．負担の割合は，個々人の経済力
　　によって決めた方がいいと思う．また，単独親権の場合も，面会交流の回数は
　　明白に決めて書いた方がいい．例えば，一か月何回ぐらい子どもに会えるか，
　　はっきりと決めた方がいい．特に相手が子どもに会いに行くことを邪魔しない
　　ように，自由にできるようにした方がいいと思う．いま台湾では，離婚する時

に，フォーマルの契約書はない．賃貸契約のように決まった書式があった方が
いいと思う．

　多くの人は離婚する時，早く相手と別れたい気持ちに駆り立てられ，落ち着
いて子どもの親権について話し合う機会も意欲もない．そのため，T3 は決
まった書類の重要さを強調する．特に離婚後の養育費と面会交流に関する項目
を書類に設け，離婚する親にその場でチェックさせる．T3 の経験から見ると，
このチェックの項目は，離婚しようとする親に親権について話し合う機会を与
えるだろう．

　次に，インタビューを受けたのは T4 だった．T4 は当時 45 歳の女性である．
現在は大学院に通って人類学を学びながら，フリーランスとしてテレビ局の撮
影の仕事をしている．年収は 60 万元（およそ 240 万円）を超えており，たまに
70 万元（およそ 286 万円）に達した時もある．T4 には子どもが 1 人いて，イン
タビューを受けた当時 17 歳で高校二年生の男の子である．離婚したのは 2004
年の頃だった．その時 T4 は 33 歳で，子どもは 5 歳だった．親権は共同親権
であるが，息子と一緒に住んでいない．それは T4 が頻繁に出張で家を留守し
がちであり，海外で仕事する時もあるからだ．また，前夫の両親は，子どもの
世話ができる．したがって，離婚した時に，子どもを前夫の家に置いて，自分
だけが家を出た．親権の決め方，養育費と面会交流について，T4 は下記のよ
うに述べた．

　　　親権について，協議で共同親権に決めた．学校や塾の費用，民間の医療保険
　　などは，父親が出す．私は子どもの国民健康保険や一緒に遊びに出掛ける時の
　　費用を支払う．面会交流について，朝の出勤がない時，私は子どもの学校の送
　　迎を担当する．私が留守をする時は，前夫の両親に頼む．私と前夫は同じ町に
　　住んでいる，車で 15 分ぐらいの距離であり，近いから子どもの世話を分担でき
　　る．だから面会交流をちゃんと決めたわけではなく，子どもを優先して，自然
　　にこのような形となっている．子どもは父親と祖父母と一緒に住んでいる．子
　　どもの基本的な生活費は前夫が負担している．

　T4 の場合，子どもと一緒に住んでいないが，ほぼ毎日のように，子どもの

学校の送迎を担当する．そして，養育費は負担しない．要するに，面会交流は
自由であり，養育費の負担は軽い．したがって，T4 は今の共同養育に満足し
ていて，基本的に落ち着いている．共同親権に決めたのは，離婚した時，前夫
は T4 が子どもを連れて出ていくことが心配だった．結局 T4 は前夫の環境の
方が子どもに良いと考え，自分だけ家を出た．このことに関して，前夫は T4
にいまになっても感謝している．そして，共同親権に対する感想を，T4 は次
のように述べた．

　　　12 年間共同親権をやってきたが，やはり子どもにとっていいことだと思う．
　　子どもの成長に父親と母親の両方が必要である．特に男の子に対しては，父親
　　の方が厳しいので，男の子は父親と一緒に住んだ方がいいと思う．たまに寂し
　　く感じる時は私のところに泊まりに来る．

　T4 の事例では，離婚後にも子どもと高密度の面会交流ができている．これ
は近くに住んでいることもあるが，双方とも離婚後の子育てに協力し合えるか
らこそ成立する．また，当事者の T4 の経験から見れば，共同親権を順調に実
行するために，離婚後どのように相手と接するのがよいかについては，他の家
族メンバーが役に立つという．

　　　離婚相手とは，頑張っていい関係を保つ必要がない．前夫はもう新しい彼女
　　ができて，しかも彼女は私のことがとても気になるようだ．だから前夫と，な
　　るべく距離を置く．子どものことに関して，私は前夫の両親に相談しており，
　　どうせ前夫とはあまり関わらない．だから子どもの祖父母とよい関係を保とう
　　と頑張っている．それで嫌な人を無視することができた．

　T4 の経験からみれば，子育ては親 2 人の仕事ではなく，他の家族も参加し
て，協力しあった方が役に立つ．例えば，T4 の例では，息子は祖父母と一緒
に住んでいるからこそ，T4 は前夫とあんまり関わらなくて済み，満足できる
共同養育が実現できた．
　5 番目にインタビューを受けたのは，当時 49 歳の T5 である．T5 は中国出
身で，五年前の 44 歳の時に台湾人の前夫と離婚した．離婚した時に，息子は
11 歳で，小学校五年生だった．T5 はインターナショナル・ライセンスを持っ

ているアロマセラピストである．今の年収は 50 万元から 80 万元（およそ 204 万円から 326 万円）の間ぐらいである．

　親権について，T5 は前夫の子育てを信用できない．ゆえに，11 歳になった子どもの意見を聞いて，前夫と話し合ってから，親権を母親の自分にした．今子どもは母親の T5 と共に生活している．

　　離婚する時，これから一切関わりたくないと思ったので，前夫に養育費を一括で 100 万元（およそ 408 万円）支払ってほしかったが，彼に却下された．それで，月 5000 元（およそ 2 万円）ずつ支払ってもらうようになったが，実際には，ちゃんと支払ってもらえない．結局養育費を求めにいくと，月 2，3000 元を渋々と支払ってくれた．しかし，最近になると，前夫は養育費を 5000 元より多めに支払ってくれるようになったが，私ではなく，なんと直接子どもに渡す．

　T5 と前夫は，子育てに関する価値観が違いすぎる．この養育費の渡し方に強く反対している．今子どもは父親と月 4 回ぐらい会っている．会うたびに父親は養育費のお金を渡す．子どもは喜んで，買い物し放題の状態になっている．それを見て，T5 はとても腹立たしく，辛く感じる．前夫と子どもの面会の時に，T5 は付き添わない．前夫に会ったら必ず喧嘩になるから，なるべく会わないようにしている．用事があれば，電話だけで済ます．親権について，T5 はなぜ共同親権ではなく，母親の単独親権を選んだのか？　T5 は，自分が単独親権と共同親権の差について，はっきりと分からないと答えた．しかし，共同親権が単独親権よりよいと思わない．

　　共同親権の方が良いかというと，やはりケースバイケースだと思う．もし親同士の価値観が違いすぎると，子どもはどちらの話を聞くべきか，わからなくなり，余計にトラブルが生じる．だから自分の例から言うと，やはり自分ひとりで子どもを育てた方がいいと思う．もし，子どもの養育方法に対して，別れた親同士の信念が近ければ，共同親権は問題なく実行できると思う．しかし，このような価値観の近い夫婦は，離婚しない．結局共同親権は美しい期待に過ぎないと思う．

　T5 が離婚した時に共同親権を選ばなかったのは，前夫が息子の親権に，そ

れほど執着しなかったからである．しかし，もし，前夫が共同親権を提案していたら，T5 はそれに応じてあげたと思う．どうせ今の息子の育て方は，単独親権でも共同親権でも，結局は同じだからだ．前夫に親権を持たせなくても，自由に子どもに会えるし，養育費を子どもに直接渡すが，確かに支払っているし，だから T5 は親権の形より，離婚した親の子育てに対する考え方が一致しているかどうか，それはより大事だと思っている．

　6番目にインタビューを受けたのは，その時点で満 48 歳の T6 である．T6 は未婚のままで出産した．子どもが 2 人いて，11 歳になる息子と 7 歳になる娘である．半年前から，政府に採用され，清掃の仕事をし始めた．月収 3 万 8000 元（およそ 15.5 万円）で，ボーナス含めて，13.5 カ月の月収，つまり 52 万元（およそ 212 万円）ぐらいの年収となる．現在，前パートナーは子どもを認知してくれないので，2 人の子どもは，T6 の単独親権である．T6 は裁判を起こして，前パートナーに 2 人の子どもを認知してもらって，養育費を支払ってくれるようにしたい．また，面会交流も，裁判で決めてほしいと考えている．息子は幼い頃，前パートナーと一緒に生活したことがあって，父親の印象が残っているが，娘は父親に会ったことさえない．娘はよく，なぜ自分に父親がいないかと T6 に聞く．

　　子どもに父親がいないことを学校で笑われたことはないようだ．昔はそのことが心配だったが，実際に学校に入学した子どもに尋ねても，別にないらしい．隣に住んでいるベトナム人の奥さんがおり，自分の家はシングルファミリーだと知っていて，自分の子どもの世話もしてくれる．父親の存在は大事だと思い，児童教育の専門家に聞いてみた．専門家によると，もし父親がたまに表れてすぐに消えてしまうようなことがあると，逆に子どもにトラウマが生じる，だから別に気にしなくてもいいと答えてくれた．例えば，去年の 6 月に，父親は子どもに会ったことがあった．その時次回の面会の時間を決めたが，結局会うことができなかった．その時息子はずっと待っていたが，結局父親に会えなくて，やはりがっかりしている様子を隠せなかった．

　T6 の話によると，現在小学校で，母子家庭はいじめの原因にはならない．社会の急速な変化と家族構成の変化に伴い，両親の離婚や別居により，シング

ルペアレントが増加してきた．台湾の文部省の統計によると，2014 年に，親が離婚した小学生と中学生の割合は，それぞれ 9.7％と 11.9％だった［教育部統計處 2016］．要するに，現在台湾社会において，離婚は特例でなくなり，小学校において，親が離婚したという理由で，いじめや差別の対象にはならない．さらに，T6 の例からみれば，子どもは父親にドタキャンされ，会える期待が外れると，その方のダメージが大きかった．では，親権について，T6 はどう思っているのだろうか？

　　　もし相手がコミュニケーションをとりやすいタイプなら，共同親権でもいいと思う．しかし，父親も母親もそろって一緒に子育てるのが一番いいとは思わない．特に自分の場合，子どもの父親が面会に遅れて来たり，突然キャンセルされたりして，その時の子どものがっかりしている顔を見ると，本当に共同で一緒に子どもを育てるのが一番よいとは思えない．

　T6 の経験を踏まれれば，父親と母親が力をあわせて子どもの世話をすることができない場合は，むしろ，母親 1 人で育てた方が良い．つまり，親権の形より，共同養育の意識をもって，協力して子どもの世話をできるかどうかが重要である．

　7 番目にインタビューを受けたのは，当時満 57 歳の T7 である．T7 は，現在病院で医療器具の消毒の仕事をしていて，年収 40 万元（およそ 163 万円）である．インタビューを受けた当時，T7 には 27 歳になる息子がいた．T7 は 9 年前の 2007 年に，つまり 48 歳の頃に前夫と離婚し，当時息子は 18 歳だった．親権については，協議で父親の単独親権に決めた．その時息子はすでに 18 歳だったが，彼の意見は聞かなかった．前夫は気が強いタイプなので，誰の意見も聞かずに，すべて自分の意志で一方的に決めた．

　　　離婚した時，子どもは前夫と一緒に住んだ方がいいと思った．特にその時息子は青少年期で，母親より父親の方がより理解できて，コミュニケーションしやすいと思った．息子はとりわけ父親と仲が良かった．27 歳になっても父親のいうことを聞くし，親孝行もしている．養育費について，自分は負担せず，前夫がすべて出した．私は子どもに会いたい時，いつでも会いに行ける．子ども

は大学生の時に自分で在学ローンを組んでいた．子どもに支払ってあげてもい
いよと言ったが，結局ローンは子どもが卒業した後に自分で返済した．前夫は
小さい肉まんのレストランを経営していた．やりくり上手な人だから，私に養
育費を求めなかった．私は子どもに会うたびに，お小遣いを渡すぐらいだった．

　T7 は，離婚後子どもとの面会交流は自由で，生活費と教育費は全く負担し
なかった．このような単独親権のあり方について，T7 は何のトラブルもなく
順調だと思っている．では，なぜ彼らは共同親権ではなく，単独親権を選んだ
のか？

　　離婚する時に，共同親権を考えたことがあったが，やはり子どもは男の子だ
し，思春期に反抗期もあるし，またいつでも会えるし，だから親権を父親に
譲った．自分は単独親権と共同親権，そんなに違いがないと思う．子どもの性
別によって親権を決めるべきだと思う．男の子であれば父親に，女の子であれ
ば母親に．もし子どもがまた小さければ，やはり両方とも養育費を出すべきだ
と思う．自分の場合，離婚した時，子どもはもう 18 歳だったし，アルバイトも
できるし，だから経済的な心配はなかった．

　T7 の考えからみれば，親権者は子どもの年齢と性別を考えて親権を決めた
方がいい．親権が単独か，共同か，それは離婚後の子育てにとって重要なこと
ではない．確かに T7 の場合，単独親権でも，離婚後子どもとの面会交流が自
由である．さらに，養育費の負担が少なかったので，離婚後の子育てにわりと
満足している．

　T8 と T9 は，離婚後，よりは戻さなかったが，一緒にレストランを経営し
ている．妻の T8 と夫の T9 は 2 人とも 30 代で，小学校 1 年生になった 7 歳
の長男と幼稚園に通っている 4 歳の長女を共同親権で育てている．2 人が離婚
したのは 2014 年だった．当時息子は 4 歳で，娘は 1 歳だった．インタビュー
を受けた当時，妻の T8 は 37 で，夫の T9 は 36 歳だった．T8 は離婚した一
年後，つまり 2015 の年末に，前夫がシェフを担当しているレストランを手伝
い始めた．離婚の原因は前夫 T9 の浮気だった．実際，このレストランは T9
が浮気相手と一緒に開いたが，T9 は浮気相手と別れた．その後前妻の T8 を

招いて，レストランの運営を頼んだ．

　　戻ってきたのは，やはり子どものためであり，2 人の子どもの世話をした
　　かったからだ．夫の不倫で離婚したが，夫の実家のことも離婚の原因だった．
　　自分の実家に財産がないため，前夫の家族に嫌みをいわれ，見下された．結婚
　　後に前夫の両親と別居したといっても，姑は隣に，義理の兄は上に住んでいて
　　煩わしかった．

　T8 によると，離婚の原因は不倫と身内とのトラブルであった．その上，前
夫の家族との関係も良好とは言えなかった．そして，親権については，どう決
めたのだろうか？

　　離婚した時，親権について弁護士に頼んで裁判を起こした．その時，私は子
　　どもの親権を取りたかったし，養育費は前夫に支払ってもらいたかった．しか
　　し，裁判の前に，調停委員会で協議で合意が成立した．それによって共同親権
　　となった．単独親権から共同親権になったのは，裁判官のアドバイスがあった
　　からだ．最初時裁判官は離婚しないようにアドバイスをした．さらに，弁護士
　　も早くそのようにサインするようと催促した．望み通りの単独親権ではなかっ
　　たが，子どもの親権を諦めるわけにはいかない．共同親権と単独親権の違いは
　　全然わからなかった，単にそのように薦められたのでそう決めた．その時自分
　　も早く前夫と別れたかったから，サインした．

　T8 の元々の望みは，親権を自分だけに，養育費を前夫に負担してもらうと
いうものだった．しかし，調停委員会で共同親権を進められ，自分も単独と共
同親権の違いが分からないまま，さらに調停委員の催促のプレッシャーを感じ
て，共同親権に応じた．T8 の場合，親権の内容は以下のように決められた．

　　息子は前夫の実家に連れ去られ，養育費は向こうの負担となり，娘は私と一
　　緒に生活する．協議の内容によると，娘の養育費として，前夫は月 5000 元（お
　　よそ 2 万円）を支払ってくれる．しかし，5000 元（およそ 2 万円）では足りない
　　と思う．しかも，もらえない時もある．最初の半年間はきちんとと貰えていた
　　が，半年後になくなった．その時私はそのことをあまり気にかけなかった．自

分にお金を稼ぐ能力があると信じていたからだ．今振り返ってみると，2人の子どもを別々に生活させることと，娘に月5000元の養育費しかもらえないことについて，本当に満足できなかった．また，面会交流については，隔週の週末に2人の子どもを私のところに泊まらせ，交代の形で，隔週の週末，2人の子どもを前夫の実家に泊まらせることになった．

T8とT9の場合，T3と同じように，子ども2人，しかも男女がいる時，子どもの性別によって，世話する親を決めていいる．さらに，T3のケースと同じように，T8は娘の養育費として前夫から月5000元（およそ2万円）もらう．面会交流について，月の一番目と三番目の週末になると，子ども2人は母親のT8と一緒に暮らす．二番目と四番目の週末になると，父親のT9のところに泊まりにいく．T8の話によると，2014年離婚した時，養育費と面会交流についてきちんと協議で決めた．そして，この協議内容が順調に実現されたかについて，T8はこう述べている．

　　送迎は前夫が担当するが，毎回約束の時間通りに来なかった．長く待つ時もあった．送ってくるのも約束通りの時間を守れなかった．例えば，夜10時に送ってくると言っても，11時になってしまう．10時に迎えにくると言っても，急に七時に来た時もあった．また，子どもが帰ってきたら，怪我をしていたこともあった．蚊に刺された跡があったり，服が汚れていることなどがあった．しかも毎回前夫が子どもを迎えにきた時，子どもも自分もいつも泣いてしまう．子どもはやはり母親の私から離れたくない．前夫と一緒に過ごすといっても，結局世話するのは祖父母だった．

T8が離婚した時，息子は4歳で，娘は1歳だった．確かにこの年齢の幼い子どもには母親の存在が大きい．また，父親のところに滞在しているときも，世話するのは父親ではなく，祖父母だった．さらに，送迎に対する不満に加えて，T8の話からは，共同親権から生じる面倒やトラブルが育児の邪魔となっていることがわかる．むしろ2人の子どもを自分の元で一緒に生活させる方がやりやすそうだと思う．離婚後の共同養育について，T8の感想は以下のようである．

　　協議によって共同親権に決めたから，どの学校に通うか，塾はどれを選ぶか，私と相談しなくてはならないのに，結局，私は息子の幼稚園の名前さえ知らなかった．共同親権は父親が自ら求めたのではなく，裁判官の勧めであった．共同親権について，私と前夫はやはり考え方が違う．例えば，私が考えているのは，息子も娘も半分は自分の責任，半分は父親の責任というものである．しかし，離婚した夫は，息子は自分と一緒に住んでいるからすべては自分の責任，娘は母親と一緒に住んでいるから母親の責任だと考えている．共同親権の実行に対する認識の差もある．

　つまり，共同親権に対する考え方が前夫と大きく異なっていたため，それによって，離婚後の共同養育は揉め続けていた．前夫の考えでは，息子の親権は共同だが，自分と一緒に住んでいるから，すべて自分が決めて，母親と相談しなくてもいい．おそらく娘のことに関しては，夫は何も関わらないかもしれない．しかし，T8 の共同親権に対する考えでは，子ども 2 人のすべてのことについて，離婚した 2 人が親として相談してから決める．親権に対する考えの違いも，このように離婚後の子育てに波紋を広げる要因となる．次に，T8 は共同親権の欠点を以下のように述べた．

　　　息子の話によると，前夫の弟は息子に私の悪口を言った．子どもはやはりこれによって，混乱して，コンプレックスを持ってしまう．また，共同親権だから，子どもの目からみれば，親はまた会ったりしているから，子どもは親のよりが戻ることを期待している．その上，親の別れは自分のせいではないかと，息子は考えたりもしていた．

　T8 によると，前夫の実家で生活している息子は，前夫の身内に自分の母親の悪口を聞かされた．それによって，子どもの精神を悪影響を与えている．したがって，T8 は自分の経験から，共同親権の方が子どもを混乱させることがあると指摘した．また，離婚した両親が共同養育のために会うのを見て，親のよりが戻ることを期待してしまう．

　T9 は，現在レストランを経営していて，年収は，最近は下がってきたが，100 万元（およそ 408 万円）を少し超えている．親権については，T8 のいう通り，

調停委員会で話し合ってから，協議で決めたという．調停後に，弁護士と裁判官が公証人になって，T9 は T8 と一緒にサインした．共同親権に決めた理由は，離婚後も一緒に子どもを育てたかったからだ．もし単独親権だと離婚後，兄妹がバラバラになるかもしれない．だから弁護士のアドバイスを聞いて，共同親権に決めた．その時，やはり共同親権の方が子どもによいと思ったのである．そして，離婚後の共同養育については，前述したように，隔週ごとに兄妹が一緒に父親か母親のところで週末を過ごすという．しかし，実際にこのように実行してみて，やはり大変だと感じている．

　　このような面会交流では，たくさんのトラブルが生じた．主な理由は，離婚の手続きを済ませる前に，前妻が子ども二人を連れて家を出て外で暮らしたことである．だから息子は前妻のところに泊まりに行くとなかなか帰りたがらない．また，子どもを前妻のところに送る時や迎えに行く時，前妻はいつもよい顔をしない．また，その時，喧嘩するつもりがなくても，いつも喧嘩になってしまう．だからうまく時間通りに子どもの送迎ができない．また，迎えにいっても，なかなか子どもを実家に連れて帰ることができない．これで，何度も警察を呼んだ．それはすべて前妻が協議の通りに，子どもをこちらに帰らせようとしなかったからである．しかし，警察を呼んだといっても，すぐに子どもを前妻の家から連れ出すこともできなかった．前妻はいつも，僕が仕事のために自分で子どもの世話をせず，私の両親に任せっぱなしだと責めてくる．子どもの顔に蚊に刺された跡が付いているなどを言って，なかなか子どもを渡さなかった．

　確かに，離婚後に夫婦でなくなっても，親として努力し，素晴らしい親になりたいという気持ちはある．しかし，離婚した相手との間に解消できない葛藤が残ると，なかなか相手の立場で思いやることができない．T9 のケースでは，幼い子どもは，隔週母親と一緒に住んで母親に懐いているために，逆に父親のところに住むのが苦痛になる．両方の親との関係を保つための住まいの交代が，逆に子どもにプレッシャーを与えてしまうのだ．T9 は共同親権に対する感想を，次のように述べた．

　　共同親権が子どもに最善だと思わない．前妻との争いがたくさん生じる．特

に仕事を変えるよう，よく前妻に言われるが，それは子どもを祖父母に世話をさせたくないからだ．また，学校や病院に行く時や，保険に入る時も，なんと両方の同意が必要で，両方の身分証明書も必要，特に緊急に子どもを病院に連れていった時も，相手と連絡を取らなければならなかった．しかし，連絡が取れない時もあり，その時は緊急の対応ができなかった．例えば，前妻が子どもを連れて病院に行った時，僕に電話して，すぐにレストランを閉めて病院に来てくるよう要求した．朝に病院に行かなければならない時もあった．一度娘が病院にいた時，朝0時に病院にいかなければならないこともあった．その時は仕方なく，息子を親に頼んだ．

　T9 からは，共同親権を順調に実行するために，どのようなアドバイスがあるのだろうか？

　　共同親権を順調に実行するためには，やはりすべてのことを細かく決めた方がいいと思う．いくら協議で決めても，やはり争いが生じる．例えば，僕の祖母の葬式に子どもを列席させたいとき．面会の時間の調整を前妻と相談しなければならない．僕は台湾の伝統にしたがって，子どもをお葬式に列席させたいだけなのに，相手に嫌がられた．いちいち前妻と話し合って，相手の同意を得るのは面倒だと感じる．また，子どもが拗ねたり自分と一緒に家に帰りたがらない時，前妻はこれを口実に子どもを渡さない時もあった．その時，警察を呼んでもどうにもならない．だから，共同親権を決める時に，その内容を細かく書いた方がいいと思う．また，医療の問題もある．やはり共同親権だから，子どもが病院に行く時は，必ず前妻を病院に呼ばなければならない．妻は病院に来ると，大きな声で僕を罵しった．それから，子どもをそのまま自分のところに連れ去った．それで，警察を二回も呼んで，強引に子どもを自分の家に連れて帰らなければならなかった．

　また，協議によると，送迎は僕が担当することになっている．それも不公平だと感じる．送る時はまだ大丈夫だが，迎えに行く時，いつも邪魔される．特に，遅れていくといい顔をされず，いつも喧嘩になってしまう，向こうは全然送迎の疲れを理解してくれない．

　T9 の経験から見ると，前妻との間における共同親権に関する協議内容を守るのは難しいことが窺える．もし離婚後にもお互いに敵意を持ちつづけるとしたら，争いが続く可能性が高い．

　　また，離婚調停の時に，やはり不公平だと感じる．男だからより多くの責任を背負うべきだとみんなに期待された．共同親権だからこそ，養育費を父親だけに負担させるべきではないと思う．いくら男性の給料が高くても，やはり子どもの世話をするために，お金を稼ぐチャンスを諦める時もあった．しかし，調停の時，弁護士も司法官も男性の方が養育費を出すべきだと考えた．娘に月5000元の生活費を支払うことが問題なのではない．それは別に負担とならない．ただ，調停の時に，やはり男はお金を出すべきだというみんなの雰囲気を感じて，気持ちはよくなかった．特に僕の場合，今まで稼いだお金はすべて妻の口座に入れるので，余計に気分が悪かった．共同親権の協議の内容で，息子を僕のところ，娘を母親のところに住ませるようにしたのは，調停を担当してくれた弁護士と司法官の伝統的な社会通念によって決めた．その時僕の父親もそばにいて，父親も同じ考えだった．

　T9 の事例には T3 と似ているところがある．T3 の娘は前妻の単独親権だが，T9 と同じように，月5000元を養育費として前妻に渡す．T3 と T9 はそれを不公平だと感じるが，その不公平感は自分の娘のことをいっていると認めない．しかも，子どもをめぐって争って，警察沙汰にまで至っている．T8 と T9 の事例を合わせてみると，やはり共同親権は，離婚後に良い関係を保てる親の方が，メリットが実現しやすいと考えられる．

　10番目にインタビューを受けたのは，当時満48歳の女性，T10 である．T10 は大学の教員として勤めており，年収は約110万元（およそ450万円）である．T10 には23歳になる娘と20歳になる息子がいて，離婚したのは9年前，39歳の時だった．その時，娘は15歳で，息子は12歳だった．

　共同親権は協議によって決めた．ふだん子どもは母親の T10 と一緒に暮らして，夏休みと冬休みの時に，半分の時間を父親の家で過ごすと協議で決めた．前夫は養育費として，子ども1人当たりに1万5000元（およそ6万円）の生活費を出す．加えて，学費も半分負担してくれる．しかも，養育費は成人までで

はなく，子どもが在学中であれば出し続けると決めた．民法の親権とは関係なく，子どもが在学中の期間は，親は経済的にサポートをし続けるというのは，T1 と T3 と T10 同じ考え方を持っている．

　9年間共同養育を決められた通りに実行してきて，現在，娘はすでに大学を卒業している．父親からの養育費の支払いも終わった．T10 は，それに不満があるわけではない．子どもが在学中の期間，父親は養育費をしっかりと払ってくれたのだ．しかし，面会交流については，やはりすんなりいかなかった．

　　子どもが中学校，高校に入ると，夏休みにも学校や塾に通ったりする，友達と一緒に遊びに出掛ける日はほんとうに少なかった．だから夏休みの半分の時間を父親の家にいって過ごすと約束したが，子どもは父親のところに行きたくなかった．それで父親はいつも怒る．

　T10 が離婚した時，子ども2人はもう青少年期を迎えており，自分の意志を持っていた．そのため，貴重な休みの日を父親と一緒に過ごすより，自分のやりたいことをしたい気持ちの方が強かった．そして，T10 は9年間共同親権を実行してきたが，感想はどうなるだろうか？

　　親の考え方を，法律で解決することはできないが，共同親権の実施方法について，もっと融通が利けば，便利だと思う．例えば，昔，娘は自分の郵貯のカードで直接 ATM から現金を引き出せなかった．カードで現金を引き出せるように変更したかったが，郵便局の人に，共同親権なので，母親だけのサイン入りの同意書だけではなく，父親のも持ってくるようと言われた．とても面倒だと思う．もし共同親権を実施において，公的機関がもっと臨機応変に対応してくれれば便利だと思う．共同親権であっても，片方の親だけの同意書でいろいろ手続きができるようになることを望んでいる．この点は日本に参考にしてもらいたい．

　　共同親権だと，引っ越したりとか，戸籍の住所を変えたりするときに，全部前夫のハンコ入りの同意書が必要であり，市役所は前夫のところに電話して確認もする．もちろん相手は反対するわけではないので問題なかったが，ただ相手にいちいち相談するのは面倒だと感じる．例えば，先ほど郵貯カードの例で

は，娘は父親のハンコ入りの同意書が必要だと聞いたら，すぐ諦めた．20 歳に
なってから改めて現金を下ろせるカードを作ると決めた．

　T10 の事例からわかるのは，共同親権の場合，子どもの教育や躾けから，
口座を開く，海外へ行くまでの細やかなことに，いちいち両親のサインと同意
が必要であることだ．離婚した両親が違う県に住んでいれば，共同親権の実行
はさらに面倒になってしまう．そこに，共同親権の実行の難しさがみえてくる．
　2017 年の 1 月 10 日に，キリスト教女性青年会 YWCA が台北市政府に下請
けられ，そこが運営している女性と家庭サービスセンターで 11 番目と 12 番目
の対象者と会った．2 人ともシングルマザーで，女性と家庭サービスセンター
に，インタビュー対象者として，紹介してもらった．T11 は，インタビュー
を受けた当時，満 33 歳で，4 歳になる娘がいた．28 歳の時，娘が生まれる前
に彼氏と別れた．現在，娘は幼稚園に通っている．娘の世話が忙しくて，仕事
をする余裕がない．子どもの学費は自分の父親が出してくれる．現在，両親と
一緒に住んでいるから，生活費には困っていない．
　前パートナーは，娘が生まれた時，父親として認知してくれた．法律上親子
として認められ，戸籍にも父親の名前が書いてある．親権について，現在単独
親権だが，娘が生まれた時は共同親権だった．共同親権に決めたのは，T11
ではなく，T11 の母親意志だった．孫が生まれたことによって，娘と前パー
トナーとよりが戻るという望みを持って，T11 に共同親権を薦めた．共同親
権を単独親権に変更したのは子どもが 1 歳の時だった．子ども名義の口座を開
こうとした時，父親のハンコ入りの同意書が求められ，共同親権が面倒なこと
を実感した．それで，前パートナーと話し合って，単独親権に変更した．初め
に子どもの父親に親権の変更の話を持ち出した時，順調ではなかった．共同親
権の面倒さを説明して，前パートナーはやっと親権の変更に応じてくれた．共
同親権と単独親権を両方とも経験した T11 は，養育費と面会交流について，
親権の変更による違いを感じただろうか？

　　共同親権だった時は，養育費について話さなかった．面会交流については，
　子どもに会いたい時に電話してくればよい．一年に 1 〜 2 回ぐらい．向こうが
　子どもに会いたい時に，もし自分の都合がつけば，会わせてあげる．2 人の住

まいも近いから．共同でも単独でも，面会の回数は同じで，養育費も貰えない
ままだ．これまで，養育費について面会交流についても，別に不満はない．妊
娠が分かって，向こうの親が結婚に反対した時，もうこれからこの子は私の家
の子どもであり，私の家を継がせ，私の苗字をつけると決めた．だから，彼に
養育費を求めたくない．

　T11 によると，養育費と面会交流は，親権の変更に全く影響を受けなかっ
た．一方，共同親権から単独親権に変更して，手続きの面で，楽になった．で
は，共同親権は子どもに最善だという考え方について，T11 はどう考えてい
るのだろうか？

　　共同親権の方が子どもにいいとは思わない．問題がたくさん生じる．自分が
　　子どもを世話する時に，いちいちと相手の意見を聞くのが面倒だと感じる．子
　　どもを世話するのは私なのであり，相手には入り込む資格はない．例えば，子
　　どもが幼稚園に入る時，向こうは私立の幼稚園の方がいいと言い出した．別に
　　お金を出してくれるわけでもなく，私立と公立の幼稚園の費用の差は 4 〜 5 倍
　　もあるのだ．

　T11 の経験によると，どうせ養育費を貰えない以上，むしろ単独親権の方
が，相手の意見を気にせず，自分の思い通りに子どもを育てられる．単独親権
の方が楽だと思わせられる．12 番目の対象者は単独親権のシングルマザーで
ある．インタビューを受けた当時，満 44 歳で，9 歳になる娘がいる．T12 は
未婚出産で，子どもの父親と別れたのは 4 年前，40 歳の時だった．その時，
娘は 5 歳になったばかり．娘が生まれる前に，前パートナーの実家に住み込ん
でいて，事実婚だったもいえるが，姑からのプレッシャーに耐えられず，また
子どもに悪影響を及ばすのを懸念し，前パートナーと別れて，自分と娘二人だ
けで家を出た．急に家庭が激変したため，子ども自身もかなりのプレッシャー
を感じ，自傷行為が始まった．娘の世話とその通院のために，なかなか仕事と
のバランスが取れなくて，インタビューを受けた当時，T12 は失業の状態
だった．

　親権について，娘の父親と話し合って，T12 の単独親権に決めた．養育費

は T12 が一人で負担している．面会交流について，前パートナーは仕事をしていないため，娘へのプレゼントを買えない．プライドが高すぎて，娘に会いに来ない．しかし，娘は父親に会いたくて，そのストレスが解消できないため，自傷行為が始まった．

　　今振り返ってみれば，すべての問題点は姑にあることがわかり，だから自分の家庭を壊すのではなく，姑から離れるために，娘と彼を連れ出して 3 人一緒にあの家を出るべきだったと思う．姑もそれを望んでいた．しかし，彼氏の収入が不安定で，もし三人一緒に出ていくとなると，私は子どもと彼を養わなければならなくなる．だから，私は彼を姑の家に置いて，自分と子ども 2 人だけで出た．いまは後悔している．やはり 3 人一緒に出るべきだったと思う．結局，彼と別れて，私は自由になったが，子どもが傷ついて，自傷行為が現れた．芸能人の別れ話をニュースでみる時，その人たちの子どもが可哀想だと思う．特に自分の娘の例をみると，ダメ男でも父親である．親子の絆の大事さが分かってきた．

　T12 の例からは，親子の面会交流の大切さを実感できる．離婚や別れた後に，両親が力を合わせて子どもを育てるのは確かに難しいが，良い親子関係を，離婚や別れのために中断することなく維持しつづけることが，子どもにとって最善だといえる．

4　台湾の離別後の共同養育に関する課題

　本節では，2017 年に行われた台湾における親権に関するインタビュー調査の結果を分析し，台湾の離別後の共同養育に関する課題について述べる．

　まず，今回のインタビュー調査では，T1，T3，T4 は 3 人とも共同親権の経験者である．彼らが「共同親権は子どもに最善」を支持する理由は，やはり離婚後にも両親共に子育てに参与することによってそれぞれが安心感を持つことができる，また，親としての責任を果たすことは親として大事なことである，そして，未成年の子どもは両親との交流によって健全に育つことができると思われるなどである．一方，「共同親権は子どもに最善」に反対する声も少なく

ない．

　T5 と T6 は共に子どもと一緒に生活している単独親権のシングルマザーである．T5 は台湾人の夫と離婚した中国出身の女性である．T6 は未婚で2人の子どもを出産した．T8 は共同親権の母親で，小さな娘と息子は，離婚した両親の家に別々に生活している．これらのケースは，親権の形にもかかわらず，子どもの父親との間で子育てに対する考え方が違ったり，などの理由によって，共同養育が子どもにとって最善だとは思わない．T5 と T8 は自分の離婚後の共同養育の経験から，子どもが混乱しやすいことをと述べている．子どもが混乱する理由はさまざまだが，彼女たちの経験からみれば，価値観の近い夫婦の方が，離婚後に共同養育のメリットを実現できる．そうでなければ，やはり離婚した親の中のどちらかが子どもを育てた方がよい．T11 は未婚出産の母親である．娘が生まれた時に，前パートナーと共同親権だったが，のちほど単独親権に変わった．T11 の場合，どうぜ前パートナーに養育費を貰えない．したがって，単独親権の方が，自分の思い通りに子どもを育てられる．その方が楽だと感じる．

　T8 と T9 は共同親権の親である．T8 の感想からいうと，共同親権であっても，もし，相手の共同親権に対する認識とすれ違いがあれば，共同養育の実施は難しい．また，前夫の T9 の経験から見ても，共同親権に関する協議内容を守るのは容易なこととはいえない．T8 と T9 の事例から，共同親権によって，前の配偶者との間に，争いがたくさん生じることがわかる．要するに，お互いに敵意を持つ親に共同親権を認めた場合，離婚前の争いが離婚後も続く可能性が高い．つまり，葛藤のある夫婦が，離婚後に裁判所からもらった共同親権の紙切れによって協力したり，信頼し合ったりできるようになるのは非常に難しいようである．したがって，2人とも共同親権が子どもに最善だとは思わない．

　T10 は子ども2人と一緒に生活する，共同親権を持つ母親である．共同親権の場合，子どもの教育や躾けから，口座を開く，海外へ行くまでの細やかなことに，両親のサインと同意が必要である．離婚後に同じ地域に住む親でさえ，相手の都合に合わせて，あらゆることについて手続きをするのは難しい．T10 の場合，離婚後前夫と違う県に住んでいる．それで，共同親権の実行はもっと面倒になってしまう．また，対象者の T11 も，子どもが1歳になった時，子

ども名義の口座を開こうとすると，父親のハンコ入りの同意書が求められた．それによって共同親権の面倒さを実感して，単独親権に変更した．そこに，共同親権の実行の難しさがみえてくる．T10 は公的機関にも，より融通のきく対応を期待する．

　それでは，なぜ，離婚の時に単独親権ではなく，共同親権を選んだのか？T8 と T9 の場合，もともと単独親権を望んでいたが，家事調停の段階で専門家のアドバイスにしたがって共同親権に決めた．また，T10 も同じように，共同親権の中身が分からないまま，相手の要求に応じて共同親権に決めた．これらの事例を見ると，恐らく多くの親は，離婚する時に，早く別れたいために，共同親権の中身をはっきり理解せず，言われるままに，親権を決めたことが想像できる．ここに，共同親権に対する認識の欠如がみられる．

　一方，共同親権のメリットとして，片方の親の負担を減らすことが考えられる．また，未成年の子どもの将来の生活費，教育費，医療費などを確保できることなどが挙げられる．共同親権の T4 と T10 の場合，前夫は，約束通り確実に，子どもの養育費と教育費を負担する．しかし，T9 の家事調停の経験からは，やはり台湾において，家庭に対する経済的な責任や義務を男性の方に課する傾向が強く見られる．さらには，共同親権の父親の T3 と T9 の事例において，共同養育によって，養育費を共同負担すべきだと考えているが，自分の方が養育費用が相手より多く負担する．また，T3 と T9 ともに，親権の形にもからわらず，決まった書類の重要さを強調する．特に離婚後の養育費と面会交流に関する項目を書類に設け，離婚する親にその場でチェックさせる．これによって，離婚する親に親権について話し合う機会を与えられる．

　また，共通親権は，二種類の監護を含む，いわゆる「法的共同親権（legal joint custody）」と「身体的共同親権（physical joint custody）」である［法務部 2014］.

① 法的共同親権は，未成年の子どもは片方の親と暮らす，子どもの教育，支援，宗教，医療などの重要な課題だけにおいて，もう 1 人の親も決定権を持つ．この場合，同居していない親は未成年の子どもと面会交流の権利を持っているが，実際には単独親権の状況に近い．

② 身体的共同親権は，未成年の子どもが，離婚した両親の家に交代に生活する．

この場合，子どもはしばしばプレッシャーを感じるため，子どもの生活の安定と教育環境の継続性を侵害したり，子どもの利益を傷つける可能性があると考えられる．

　法的共同親権は，未成年の子どもは片方の親と暮らす，同居していない親は未成年の子どもと面会交流の権利を持っているが，子どもの生活の面における重要な課題においても，決定権を持つ．これについて，前述したように，T10は公的機関にも，もっと融通のきく対応を期待する．T11は面倒を感じ，子どもの親権を単独親権に変えた．また，共同親権にによって，離婚しても，子どものために，頻繁に会ったり交渉したりしなくてはならなくなる．離婚した相手との間に解消できない確執が残ると，なかなか相手の身の上や心情に心を配ることができない．これも今回インタビューの対象者T8とT9の事例から見られる．もう一つの共同親権は，身体的共同親権である．未成年の子どもが，離婚した両親の家に交代で生活する．今回，インタビューの対象者に，離婚した夫婦のT8とT9，前夫が他県に住んでいるT10は，協議によって，子どもが両親の家に交代に生活する共同親権の経験者である．小さい子どもを持つT8とT9の場合，身体的共同親権を実行するため，離婚後にもトラブルが続き，警察沙汰にまで至るような大喧嘩が，何度も繰り返された．交代で生活することも，幼い子どもにプレッシャーを与えてしまった．T10の場合は，青少年になった子どもたちは，すでに自分の生活基盤を持って，貴重な休日に，他県に住んでいる父親のところに泊まりにいくより，自分の意志に沿ってやりたいことをしたい気持ちの方が強い．それによって，T10の前夫がいつも不満を持つようだ．

　T4とT9の事例からみると，離婚後の他の家族，特に祖父母の協力は子育てに役立つ．しかし，台湾の家族構造は，近年大きく変化してきた．祖父母と一緒に住む三世代家族は1998年の16.7％から2004年の15.2％に少しだけ下がったが，2019年になると，13.45％まで落ちた．家族構造からみれば，三世代家族の割合が減少し続ける傾向がみえる［行政院性別平等會 2020］．三世代家族の減少によって，今後，離婚後に，別れた相手の両親，つまり子どもの祖父母と力合わせて，共同養育を実現するのは，容易ではないと予測できる．

　一方，今回の対象者の中で，離婚後の共同養育に満足しているケースもある．それは共同親権の T4 と単独親権の T7 である．対象者の T4 と T7 は，2 人とも息子を前夫の家に残して，自分だけ家を出た母親である．共通点として，自分は養育費をほぼ出さずに，面会交流は自由の状態である．つまり，親権の形にかかわらず，育児に経済的な負担が少なく，自由に会えることが，離婚後共同養育に満足できるポイントとなる．

　また，今回の対象者は親権の形はぞれぞれ違うが，性別によって親権を決める傾向が見られる．共同親権の T1 と T4，単独親権の T7 は，息子には父親の存在が大事だと考える．さらに，T3 と T8 と T9 も，離婚後に，娘は母親と，息子は父親と共に生活している．

お わ り に

　1996 年の民法改正により，台湾における離別後の親権制度は，より男女平等になった．親権を決める時に，男性優先な家父長制度から，子どもの最善の利益を判断基準とするように変わった．確かに共同親権にはたくさんのメリットがあり，実際，この選択肢を選ぶ親も増えてきた．しかし，別れた親同士が協力して子どもを育てるのは，確かに難しいことともいえる．今回の対象者の経験や意見を以下のようにまとめることができる．

　　1.「共同親権は子どもに最善」を支持する理由：
　　　　① 親が安心できる，② 親としての責任，③ 子どもが健全に育つ．
　　2.「共同親権は子どもに最善」に反対する理由：
　　　　① 育児に邪魔，② 子どもを混乱させる，③ 手続きが面倒，④ 前の配偶者とのトラブル．
　　3. 共同親権をスムーズに実行するために：
　　　　① 協議に決められた内容を法律で守らせる，② 公的機関は片方の親だけの同意書に臨機応変な対応，③ 養育費と面会交流について明確に書類にする，④ 別れた両親は子どもの養育の仕方に対する信念が近い．
　　4. 親権から見たジェンダー：
　　　　① 養育費は男性が負担するという期待が残っている．② 性別によって世話する親を決める．

　今回のインタビュー調査を通して分かったのは，「共同親権は子どもに最善」を支持する理由は，離婚後にも両親共に子育てに参与でき，安心できるところにある．ここに，「親権を持たない」＝「子どもを手放した」という当事者の意識が見えてきた．一方，「共同親権は子どもに最善」に反対する声も少なくない．共同親権を実施するために，離婚者に親権に関する情報を十分に与えるべきということだ．また，家事調停担当者の伝統意識と性役割ステレオタイプによって，親権の形と協議内容が決められることもあるので，調停者のジェンダー意識を再考察するべきということだ．最後に，理想的な離別後の親権と共同養育のあり方は，親権の形と関係なく，養育費の負担が少なく，面会交流が自由であるところにある．要するに，親権というのは，子どもを世話して育てる責任と義務に関することであるが，離婚後に，たとえ親権を持たなくても，依然として親であることに変わりはなく，自分の未成年の子どもを育てる義務はある．この場合，面会交流付きの単独親権でも，離婚後の共同養育が実現できる．

　確かに，共同親権の場合，子どもの教育や躾けから，口座を開く，海外へ行くまでの細やかなことに，両親のサインと同意が必要である．離婚後に同じ地域に住む親でさえ，相手の都合に合わせて，あらゆる面で合意をするのは難しい．もし違う県に住んでいれば，共同親権を実行する困難度が高くなってしまう．こちらに，公的機関にも，もっと融通のきく対応を期待するという声も聞こえた．さらに，お互いに敵意を持つ親に共同親権を認めた場合，離婚前の争いが続く可能性が高いと，インタビューの事例からみえた．

　それによって，2021年からは，地域の家族相談サービスの拡大が予定されている．この地域の家族相談サービスというのは，主に離婚後の子どもの世話と親権，養育費，面会交流の時間と場所について，専門家の助けによって，離婚した親が理性的に話し合えるようにするためのものである．さらに，ソーシャルワーカーは，子どもの面会交流の手配と同行を支援し，離婚した両親の対立を防げ，これから自ら面会交流できるような基盤を築く．さらにこれからは，ソーシャルワーカーが子どもの面会交流の手配と同行を支援し，離婚した両親の対立を防げ，自ら面会交流できるような基盤を築いていく．この地域の家族相談サービスは，各地の十か所以上のNGO団体の連携を強化することに

よって，子どもの権利保護のネットワークを充実させ，離婚した親がよりサポートを受けられるようにしようとするものである［社会及家庭署 2020］.

　本章では，いままで何度も「子どもの最善の利益」という言葉が繰り返し出たが，しかし，親の立場ではなく，子どもの立場から，もし親が離婚する時に，何をしてくれれば，親の離婚による不安やプレッシャーを緩和できるのだろうか．これについて，児童福祉連盟が小学生を対象にした研究結果によると，親が離婚する時にしてほしいことは，子どもが一番多く選んだのが「両親が分かれても，自分ことを愛しているのを知らせてくれること」（67.28%）である．次に「親は喧嘩をやめること」（52.14%）三番目に選ばれたのは「兄弟姉妹が一緒に生活できること」（48.17%）である．その次に，「一緒に住んでいない親によく面会交流できること」（37.92%）や，「親にもう片方の親のことを話しても，怒られる心配がないこと」（32.42%）である［児童福祉連盟 2021］.　単独親権でも，共同親権でも，離婚後もし親として，これらの項目を，子どものために頑張って実現することができれば，立派な親だといえるだろう.

　2021 年の 7 月に，卓球女子の五輪銀メダリスト・福原愛は，台湾の卓球選手の江宏傑との離婚が成立した．2 人の子どもについては共同親権にするという．離婚後，子どもは台湾に父親と一緒に生活していくようだ．離婚した元夫婦が，共同親権によって，子どもの生活にまつわる課題において，お互いの同意を得て決め合っていかなければならない．今回のインタビューの事例から，この難しさや大変さが伺える．言うまでもなく，親子が海外に離れて生活している場合，共同親権を実行するハードルがより高くなると予測できる．共同親権の目的は，子どもの最善の利益を守り，離婚して別れても，共同育児を通じて，親子関係を維持することである．決して，別れた両親に均等的に親権を配分し，親権の奪い合い戦争を防止するものではない．福原愛の離婚によって，日本においても，「共同親権」の注目度が著しくなってきた[6]．いままで，日本は単独親権のみを採用してきたが，これからどうのように変化していくのか，他国の経験を参考にして，より深く議論する必要があるに決まっている．いずれにせよ，離婚後共同育児を支援するために，児童及び青少年に関する法律の整備，およそ地域の家族サービスの強化が不可欠となる.

注

1）「新新住民來了！外配歸化後離婚，再與外國人結婚，連鎖移民人數 8 年飆 67 倍」『風伝媒』8 月 27 日，2018 年（https://www.storm.mg/article/481742?page = 1，2020 年 10 月 1 日閲覧）．

2）「擁監護權不扶養，議員籲放寬單親補助」『大紀元』6 月 14 日，2017 年（http://www.epochtimes.com/b5/17/6/14/n9265468.htm，2020 年 10 月 1 日閲覧）．

3）「賈靜雯泣訴 幫我找女兒 狠夫搶走稚女 4 個月 下落不明」『蘋果日報』4 月 4 日（https://tw.appledaily.com/headline/20090404/ETCSFHZ22GO5LGOPLXXE6GK454/，2020 年 12 月 10 日閲覧）．

4）「爭女官司，北院裁定賈靜雯，孫志浩共同監護」『自由時報』8 月 31 日，2010 年（https://ent.ltn.com.tw/news/breakingnews/404111，2020 年 12 月 10 日閲覧），「『梧桐妹愛美國』」賈靜雯爭女初判『共同監護』」『TVBS News』8 月 31 日，2010 年（https://news.tvbs.com.tw/entertainment/104538，2020 年 12 月 10 日閲覧）．

5）「賈靜雯：離婚後，學做好母親」『親子天下雜誌』3 月 1 日，2014（https://www.cheers.com.tw/article/article.action?id = 5067497，2020 年 12 月 10 日閲覧），「賈靜雯大女兒正臉照曝光！曾經放下一切爭取監護權，如今幸福無須馬賽克，大女兒就是妹妹最棒的禮物！」『媽媽寶寶』6 月 19 日，2020 年（https://www.mombaby.com.tw/articles/17527，2020 年 12 月 10 日閲覧），「與賈靜雯前夫同台！為梧桐妹畢業典禮做最棒的示範：陪女兒成長給她兩份愛」『Bella 儂儂』6 月 13 日，2019 年（https://www.bella.tw/articles/celebrities/20014，2020 年 12 月 10 日閲覧）．

6）「福原愛さん離婚で「共同親権」認知度が日本でも上昇か」『SAKISIRU 編集部』7 月 11 日，2021 年（https://sakisiru.jp/5839，2021 年 12 月 19 日閲覧）．

参考文献

〈邦文献〉

山西裕美・周典芳［2019］「離別後の親権についての日台比較研究②——東アジアの家族主義福祉国家における調査結果からの一考察」，熊本学園大学『社会関係研究』（熊本学園大学），24（2）．

〈中国語文献〉

陳慧馨［2015］『性別關係與法律』元照出版．

陳雪慧［2010］「性別意識的化外之地？移民法制如何面對離婚與失婚的婚姻移民」『性別平等教育季刊』52．

陳昭如［1997］『離婚的權利史:臺灣女性離婚權的建立及其意義』國立台灣大學法律學系碩士論文．

兒童福利聯盟［2017］『2017 年離婚子女困境暨親職現況調查報告』（https://www.children.org.tw/research/detail/72/1004，2020 年 10 月 1 日閲覧）．

法務部［2014］「法院依民法第 1055 條酌定或改定未成年子女之親權人之參考原則」1 月 20

日 （https://www.lawbank.com.tw/news/NewsContent.aspx?NID = 117494.00, 2020 年 10 月 1 日閲覧）.

教育部[2018]「新住民子女就讀國中小人數分布概況統計」（http://stats.moe.gov.tw/files/analysis/son_of_foreign_106.pdf, 2022 年 1 月 12 日閲覧）.

教育部統計處[2016]「103 學年高級中等以下學校學生家庭背景概況」『教育統計簡訊』第 47 號.

劉宏恩[2014]「離婚後子女監護案件：子女最佳利益原則的再檢視―試評析 2013 年 12 月修正之民法 1055 條之 1 規定」,『月旦法學』234.

內政部統計處[2019]「行政公告：108 年第 25 週內政統計通報（107 年離婚 5 萬 4,402 對, 較上年減少 37 對（-0.1%）, 較 99 年高點減少 3,635 對（-6.3%）」6 月 22 日（https://ws.moi.gov.tw/001/Upload/OldFile/news_file/108%E5%B9%B4%E7%AC%AC25%E9%80%B1%E5%85%A7%E6%94%BF%E7%B5%B1%E8%A8%88%E9%80%9A%E5%A0%B1_%E5%A9%9A%E9%BD%A1%E7%B5%B1%E8%A8%88.pdf, 2020 年 10 月 1 日閲覧）.

沈瓊桃[2017]「離婚過後, 親職仍在：建構判決離婚親職教育方案的模式初探」『臺大社工學刊』35.

台湾士林地方法院統計室[2012]「法院裁判未成年子女親權行使之研究―以台湾士林地方法院受理事件為例」3 月 9 日（http://www.judicial.gov.tw/juds/research/3_96-4.pdf, 2020 年 10 月 1 日閲覧）.

王雅慧[2014]『外籍配偶離婚後對未成年子女親權行使之研究：以子女最佳利益為中心』, 東海大學法律學系研究所碩士論文.

謝美娥[2008]「離婚女性單親家長復原力的初探」『東吳社會工作學報』18.

行政院主計處[2010]『社会指標統計年報 2009』行政院.

―――[2017]『性別圖像 2017』行政院.

行政院性別平等會[2020]「重要性別統計資料庫―多維度查詢―家庭組織型態（單人, 夫妻, 單親, 核心, 祖孫, 三代, 其他）百分比」（https://www.gender.ey.gov.tw/gecdb/Stat_Statistics_Query.aspx?sn = MwEtyBleRxJh%24lZApHWboQ%40%40&statsn = iGJRpsNX45yniGDj! w1ueQ%40%40&d = 194q2o4! otzoYO! 8OAMYew%40%40&n = 57949, 2020 年 10 月 1 日閲覧）.

鄭麗珍[2005]「有關監護權調查評估的指標」『社區發展季刊』112.

中華經濟研究院[2012]『我國離婚率發展之趨勢, 影響及因應作法之研究』研究主持人吳惠林, 內政部委託研究報告.

中華民國內政部戶政司[2020]「全國人口資料庫統計地圖」（https://gis.ris.gov.tw/dashboard.html?key = D09, 2021 年 12 月 1 日閲覧）.

〈補充文献〉

社會及家庭署[2014]「申請特殊境遇家庭扶助應符合哪些條件？」2 月 25 日（*https://www.sfaa.gov.tw/SFAA/Pages/Detail.aspx?nodeid = 99&pid = 404*, 2021 年 12 月 17

日閲覧).

────[2020]「推動社區式家事商談服務實施計畫」5 月 14 日（https://www.sfaa.gov.
　tw/SFAA/Pages/Detail.aspx?nodeid = 1330&pid = 11030，2021 年 12 月 17 日閲覧).

内政部移民署[2019]「讓親子團聚，陸配離婚後將可留臺顧子女」6 月 14 日（https://
　www.moi.gov.tw/News_Content.aspx?n = 2&s = 13713，2021 年 12 月 17 日閲覧).

────[2021a]「外籍配偶與大陸（含港澳）配偶人數」1 月 15 日（https://www.im-
　migration.gov.tw/5385/7344/7350/8887/，2021 年 12 月 17 日閲覧).

────[2021b]「外籍配偶與大陸（含港澳）配偶人數」11 月 25 日（https://www.im-
　migration.gov.tw/5382/5385/7344/70395/143257/，2021 年 12 月 17 日閲覧).

児童福祉連盟[2021]「兒少面對父母離婚後的心情感受調查報告」．6 月 1 日（https://
　www.children.org.tw/publication_research/research_report/2089，2021 年 12 月 21
　日閲覧).

台湾台南地方法院[2020]「家事調解：全贏的策略─家事調解業務簡介」（https://tnd1.judi-
　cial.gov.tw/U/H06_01.asp，2020 年 10 月 15 日閲覧).

第 4 章

韓国の離別後の共同養育

1　韓国の子どものいる離別後の親権者の動向

　韓国の民法では，1977 年の改正により，協議離婚の際に，家庭法院が当事者の離婚の意思確認をすることになったが，親権に関する協議，養育費や面会交流には関与することができなかった．2007 年の改正において，安易な離婚の阻止や離婚後の子の福祉の確保などを目的に，離婚熟慮期間制度が導入された．

　また，離婚後における養育者の取り決め，養育費や面会交渉に関することなど子の養育に関する事項および親権者の決定に関する協議書提出の義務化など，新たな協議離婚手続きの内容が決められた．さらに，2009 年の民法改正により，家庭法院は，当事者が協議した養育費の負担に関する内容を確認する養育費負担調書を作成しなければならなくなった（836 条の 2）．

　その結果，協議離婚をしようとする夫婦は，家庭法院に協議離婚意思確認申請を行うが，その際に家庭法院で行う離婚に関するガイダンスを受けなければならない．その内容は協議離婚の手続きと父母に対する親教育である．

　韓国の離婚の動向と未成年子を伴う離婚件数の推移について，韓国の人口動態統計によると，離婚件数および離婚率は 2003 年をピークに減少しており，2020 年の普通離婚件数 10 万 6500 件，普通離婚率は 2.1 である（**図 4-1**）．未成年子を伴う離婚件数が全体の離婚件数に占める割合は，2000 年には 7 割以上を占めていたが，少子化や男女とも離婚年齢の上昇傾向が見られることを反映し，2015 年には未成年子を伴わない離婚件数が占める割合の方が高くなった．2020 年には未成年子を伴う離婚件数は 4 万 5000 件（42.3%），未成年子を伴わない離婚件数は 5 万 8700 件（55.1%）となっている（**図 4-2**）．さらに，離婚の種類別では，2020 年の韓国での離婚件数 10 万 6500 件のうち，協議離婚件数は 8 万 3700 件（78.6%），裁判離婚件数 2 万 2800 件（21.4%）と，協議離婚が約 8 割であった（**図 4-3**）．

　前述のように，韓国では協議離婚の手続きにおいても，日本や台湾と異なり，必ず家庭法院という日本の家庭裁判所に相当する裁判所に協議離婚意思確認申請を行い，さらに未成年子を伴う場合は，養育者の取り決め，養育費や面会交

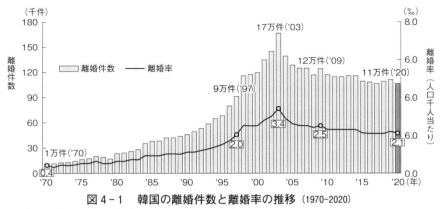

図 4 - 1　韓国の離婚件数と離婚率の推移 (1970-2020)

(出所) 人口動態調査「2020 年婚姻・離婚統計」：韓国統計庁，p.19.

　渉に関することなど，子の養育に関する事項および親権者の決定に関する協議書提出が義務化されている．そのため，必ず，家庭法院での手続きにおいて子どもの利益の視点から，離別後の未成年子の養育についての取り決めがなされ，さらに家庭法院は協議内容に基づく養育費負担調書も作成する．この仕組みは，裁判上の離婚にも適用される．

　例えば，ソウル家庭法院では，未成年子のいる当事者には，離婚が子に与える影響，養育費と面会交渉の重要さなどに関する親教育が実施されている［二宮・金 2010; 宋・犬伏・田中 2015］[1]．

　しかしながら，ソウル家庭法院における 2012 年から 2016 年までの過去 5 年分の夫婦関係，子の監護に関する事件の概況裁判の数は増加傾向を示している．特に，子どもの養育に関する処分及び面会交流とに関する事件数は多い（**表 4 - 1**）．

　さらに，韓国におけるひとり親家庭の現状は，3 年に 1 回実施されるひとり親家庭に対しての調査の 2018 年調査結果では，93.1％が協議離婚であり，先の人口動態調査での 2018 年の協議離婚の占める割合 77.8％に比べると高い割合である．また，親権を持つひとり親は 95.1％，監護権は 97.6％のひとり親が持っている．

　2018 年調査でのひとり親の月平均所得は 219.6 万ウォンで，2015 年の 189.6 万ウォンより増加した．しかし，2018 年の家計金融・福祉調査結果全国

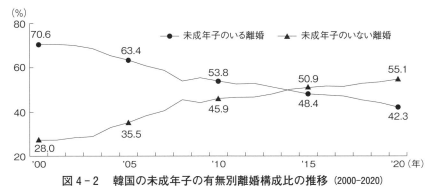

図 4-2　韓国の未成年子の有無別離婚構成比の推移 (2000-2020)

(出所) 人口動態調査「2020 年婚姻・離婚統計」: 韓国統計庁, p.26.

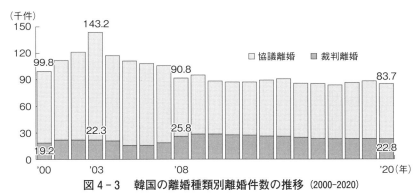

図 4-3　韓国の離婚種類別離婚件数の推移 (2000-2020)

(出所) 人口動態調査「2020 年婚姻・離婚統計」: 韓国統計庁, p.27.

家族の平均所得 389 万ウォンと比較するとひとり親の所得はその 56.5％と約半分であり, 経済的にも大変厳しい生活状況であることが表れている.

　一方, 養育費に関しては, 一回も受け取ったことが無いひとり親が 73.1％と大変高い割合だが, 2015 年の 83.0％に比べると 10％減少している. また, 定期的に養育費を受け取っている割合も 2018 年には 15.2％と, 2015 年の 5.6％より増加している. 法的な養育費の受給権があるひとり親は全体の 24.5％である.[2] 養育費を受けとる権利のあるひとり親のうち, 61.1％は定期的に養育費が支払われているが, 29.4％は全く受け取ったことが無い. 2015 年調査では定期的な養育費の受けとりが 55.2％であったことからも, 受けとれ

表 4 - 1　韓国の家事事件数の推移

事件の種類	期間	受付数	処理			
			合計	認容	棄却	その他
夫婦関係に関する事件	2012 年	16	12	2	—	10
	2013 年	9	14	5	2	7
	2014 年	14	9	2	—	7
	2015 年	20	24	7	3	14
	2016 年	33	21	4	1	16
子どもの養育に関する処分及び面会交流に関する事件	2012 年	2,314	2,174	595	69	1,510
	2013 年	2,284	2,374	727	115	1,532
	2014 年	2,403	2,214	563	96	1,555
	2015 年	3,220	2,465	605	84	1,776
	2016 年	2,765	3,039	966	108	1,965

（出所）日本弁護士連合会［2018］.

ている割合が少し増加している一方で，2015 年の受けとれていない割合が27.8％だったことから，2018 年はむしろ受け取れていない割合が若干増えている．受け取っている養育費の月平均は 56.0 万ウォンである．これは決定額の平均である 61.6 万ウォンの 90.9％に相当し，2015 年の 55 万ウォンより多く，決定額の 85.4％だったことに比べると高い水準になっている．

　2014 年に「養育費の履行確保及び支援に関する法律」（以下，「養育費履行法」）が制定・公布され，2015 年から施行された．同法により養育費履行管理院が設置され，養育費についても相談支援や取り立て支援など担当部署が置かれた［日本弁護士連合会 2018］．

　2018 年調査では，この養育費履行管理院があることを「少しは知っていた」人が 39.3％，「よく知っていた」人が 5.6％と，知っていた割合は併せて44.9％であった．設置されたばかりの 2015 年調査での「少しは知っていた」人が 25.0％，「よく知っていた」人が 3.0％と，知っていた割合は併せて28.0％であったことに比べると認知度が高まっている．

　他にも養育費については，請求訴訟の経験も 2012 年の 1.2％から 2018 年には 7.6％と，少ないながらも増加しており，養育費の確保に向けての支援の広がりがひとり親へも浸透しつつあるのだろう．

　調査結果より，養育費については，政府の支援体制が進んだこともあり，請求訴訟や公的支援の利用についても少しずつ積極的な傾向が見られ，受け取り

金額も増加していることから状況が良くなりつつあることがうかがえた．しかしながら，いまだに養育費を受け取れていないひとり親が7割以上と，ほとんどのひとり親が養育費を受け取っていない．

　そのせいか，子どもと別に暮らす親との交流では，2018年調査では「連絡はとっていない」が53.1％と過半数となっており，2012年からほとんど変化が見られない．2018年調査の「連絡はとっていない」の内訳では，「所在が把握できない」24.9％に対して「連絡をとりたくない」が28.2％と高い割合を示しており，2015年調査とは逆の傾向である．他の項目においても，「定期的に会っている」や「特別なことがあるときにのみ会っている」項目の割合が低下する一方で，「手紙，メール，電話での連絡のみ」が増えており，むしろ交流の程度は低下を示している（図4-4）．

　韓国においては，未成年子を伴う離婚に関する民法などの法改正や，離別後の共同養育に向けて親子へのさまざまな支援やサービスを進めてきている．例えば，家庭法院では離婚に際し，協議離婚の場合，協議離婚意思確認申請を受け，協議離婚に関する案内を行い，その際に離婚が子どもに与える影響などについての親教育がなされる［二宮・金 2010; 宋・犬伏・田中 2015］．しかしながら，調査結果からみる実際では，養育費を受け取っていない割合の高さや，子どもとの面会交流の程度の低さなどが示されており，現時点では必ずしも反映されていないといえるだろう．

単位：％　2012年　n＝2,059，2015年　n＝2,038，2018年　n＝2,039

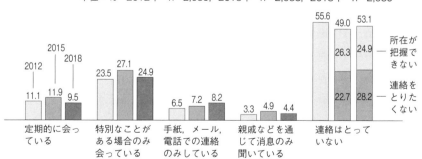

図4-4　子どもと別に暮らす親との交流の程度

（注）2015年から「所在が把握できない」項目を追加．
（出所）2018年ひとり親家族実態調査（韓国女性家族部）.

2　韓国の子どものいる場合の離婚に関する民法と判例について

　韓国では，離婚後の親権については，単独親権と共同親権のいずれかを選択することができる．この離婚後の共同親権は，1990年の民法改正時に設けられた909条第4項に父母の協議によって親権者を定めることが出来るようになったこと，日本のように単独親権の条文が無い上，「子どもの最善の利益」の観点から諸外国の趨勢より理論上可能になったというものである．また，面会交流を，子どもを直接養育しない親の権利とすることも同時に明文化（837条の2）されたことによって実質共同親権，共同養育が可能となったとされる［金 2014］．

　韓国での親権法は，1958年2月22日に制定され，1960年1月1日より施行された韓国民法の第四編親族第四章父母と子・第三節親権におかれ，第一款総則，第二款親権の効力・第三款親権の喪失の韓国民法909条から927条の2からなる．以下に協議離婚の手続きに関する改正および離別後の子どもの親権に関する改正内容について確認する．

　1958年制定時の親族法では，父権中心の儒教思想や日本の明治民法の影響を受け，父親優先の原則から未成年子は父親の親権に属するとされ，婚姻中は父親による単独親権を原則としていた．両性の平等に反するとの理由で，1977年改正により，婚姻中における父母の共同親権が実現した．しかし，父母の意見が一致しない場合は父親が親権を行使するという但し書きが付され，離婚後の親権の帰属も父親優先のままなど，父親優先の原則は削除されず残された．

　さらなる男女平等の実現が目的とされた1990年改正において，婚姻中の父母共同親権の原則と，親権行使における父母の意見の不一致の場合には，当事者請求により家庭法院がこれを定めるものとした．また，父母の離婚の場合も父母の協議によって親権者を定めることが出来るようになった．協議が不調の場合には，当事者の申し立てにより，家庭法院が定めることとした（909条第4項）．しかし，当事者の申し立てが無ければ，親権者が定まらず，子の福祉の視点からは課題が残ることとなった．また，面会交流について，子を直接養育しない父母の権利とする明文化された規定も新設されている（837条の2）．

　2005年の改革により，子の福祉を親権行使の基準とする規定が新設された（912条第1項）．また，家庭法院は，子の福利のために必要であると認められる場合，子の四親等以内の親族の請求により，親権者を他の一方に変更することができる（912条第2項）．父母の離婚の場合についても，親権者指定の協議が不調の場合，親権者指定の審判の申し立てを当事者に任せていた1990年改正909条第4項の規定を改め，そのような場合には家庭法院への親権者指定審判申し立てが義務化された．また，婚姻の取り消し，裁判離婚及び認知の訴えの場合には，家庭法院が職権で親権者を定めるものとした（909条第5項）．

　2007年改正では，安易な離婚や離婚後の子の福祉の確保などを目的に，離婚熟慮期間制度が導入された．また，離婚後における子の養育に関する事項（養育者の取り決め，養育費や面会交渉に関することなど）および親権者の決定に関する協議書の提出の義務化など，協議離婚手続きの内容が決められた（2007年改正836条の2）．

　また，2009年の民法改正により，家庭法院は当事者が協議した養育費負担に関する内容を確認する養育費負担調書を作成しなければならなくなった（2009年改正836条の2）．

　2011年改正では，離婚後単独親権になった親が死亡した場合，これまでもう片方の親が親権者になるものとしてあったことに対し，親権者がふさわしくないなどで請求があった場合に，家庭法院が親権者を定めるものとし，適切な親権者がないときには未成年後見が開始するものとされた（909条の2および927条の2）．

　2014年改正では，家庭法院は親権者が子の福祉を害するおそれのある場合には請求により，親権の一部を制限することを宣告できるとした（924条の2）．

　以下は，上記記述に取り上げた離婚後の子どもの親権や養育及び協議離婚の手続きについての主な条文である．

　韓国民法（施行2021年1月26日）［法律第17905号，2021.1.26.，一部改正］
　第四編　親族
　　第3章　婚姻
　　　第5節　離婚

第一款　協議上の離婚

836条2（離婚の手続き）

① 協議上の離婚をしようとする者は，家庭法院の提供する離婚に関する案内を受けなければならず，家庭法院は，必要な場合，当事者に対し相談に関して専門的な知識と経験を有する専門相談員の相談を受けることを勧告することができる．

② 家庭法院に離婚意思の確認を申請した当事者は，前項の案内を受けた日から次の各号に掲げる期間が経過した後，離婚意思の確認を受けることができる．

　一　養育すべき子（懐妊中の子を含む．本条において以下同じ．）がいる場合は三カ月．

　二　前項に該当しない場合は一カ月．

③ 家庭法院は，暴力により当事者の一方に耐え難い苦痛が予想される等離婚をしなければならない急迫の事情がある場合には，前項の期間を短縮し又は免除することができる．

④ 養育すべき子どもがいる場合，当事者は第837条の規定による子の養育及び第909条第4項の規定による親権者決定に関する協議書又は第837条及び第909条第4項の規定による家庭法院の審判書正本を提出しなければならない．

⑤ 家庭法院は，当事者が協議した養育費負担に関する内容を確認する養育費負担調書を作成しなければならない．この場合において，養育費負担調書の効力については，家事訴訟法第41条の規定を準用する．［本項新設 2009.5.8］

［本条新設 2007.12.21］

837条（離婚と子の養育責任）

① 当事者は，その子の養育に関する事項を協議で定める．［本項改正 1990.1.13］

② 前項の協議は，次に掲げる事項を含むものでなければならない．［本項改正 2007.12.21］

　一　養育者の決定

　二　養育費の負担

　三　面会交流権の行使の有無及びその方法

③ 第1項の規定による協議が子の福利に反する場合には，家庭法院は，補正を

命じ又は職権で，その子の意思，年齢，父母の財産状況，その他の事情を斟酌して養育に関する必要な事項を定める．［本項改正 2007.12.21］

④ 養育に関する協議が調わない場合又は協議をすることができないときは，家庭法院は，職権で又は当事者の請求により，これについて定める．この場合において，家庭法院は，前項の事情を斟酌しなければならない．［本項新設 2007.12.21］

⑤ 家庭法院は，子の福利のために必要と認めるときは，父，母，子若しくは検事の請求により又は職権で，この養育に関する事項を変更し又は他の適当な処分をすることができる．［本項新設 2007.12.21］

⑥ 第３項から第５項までの規定は，養育に関する事項以外に父母の権利義務に変更を及ぼさない．［本項新設 2007.12.21］

837 条の 2　(面会交流)

① 子の直接養育しない父母の一方と子は，互いに面会交流をする権利を有する．［本項改正 2007.12.21］

② 子を直接養育しない父母の一方の直系尊属は，その父母の一方が死亡又は疾病，外国居住，それ以外に不可避な事情で子と面接交流することが出来ない場合，家庭法院へ子との面会交流を請求することが出来る．この場合，家庭法院は，この意思，面会交流をした者の子との関係，請求の動機，それ以外の事情を斟酌しなければならない．［本項新設 2016.12.2］

③ 家庭法院は，子の福利のために必要なときは，当事者の請求により又は職権で，面会交流を制限，排除，変更することができる．［本項改正 2005.3.31，2016.12.2］

第四章　父母と子

第三節　親権

第一款　総則

909 条　(親権者)

① 父母は未成年者である子の親権者となる．養子の場合においては，養父母が親権者となる．［本項改正 2005.3.31］

② 親権は，父母の婚姻中は，父母が共同でこれを行使する．ただし，父母の意

見が一致しない場合は，当事者の請求により家庭法院がこれを決定する．

③ 父母の一方が親権を行使することができないときは，他の一方がこれを行使する．

④ 婚姻外の子が認知された場合及び父母が離婚する場合には，父母の協議により親権者を定めなければならず，協議することができないとき，又は協議が調わないときは，家庭法院は，職権で又は当事者の請求により親権者を指定しなければならない．ただし，父母の協議が子の福利に反するときは，家庭法院は，補正を命じ，又は職権で親権者を定める．[本項改正 2005.3.31，2007.12.21]

⑤ 家庭法院は，婚姻の取消し，裁判上の離婚又は認知の訴えの場合，職権で親権者を定める．[本項改正 2005.3.31]

⑥ 家庭法院は，子の福利のために必要であると認められる場合においては，子の四親等以内の親族の請求により，定められた親権者を他の一方に変更することができる．[本項新設 2005.3.31]

[全文改正 1990.1.13]

912条（親権行使と親権者指定の基準）

① 親権を行使するに際しては，子の福利を優先的に考慮しなければならない．
[本項改正 2011.5.19]

② 家庭法院が親権者を定めるに際しては，子の福利を優先的に考慮しなければならない．そのために，家庭法院は，関連分野の専門家又は社会福祉機関に諮問することができる．[本項新設 2011.5.19]

[本条新設 2005.3.31]

[本条見出し改正 2011.5.19]

　韓国の協議離婚制度では，国が積極的に介入する．家庭法院において協議離婚の意思確認を受けなければ協議離婚ができない[6]．夫による一方的な離婚を防止するために1997年の民法改正時に導入された．そして協議離婚の意思確認を受けるには，家庭法院において離婚に関する案内を受け（836条の2第1項），熟慮期間が1カ月から3カ月必要となる．さらに，子の養育に関する事項の取り決めとして（837条），養育者の取決め，養育費の負担，面会交流の行使の有

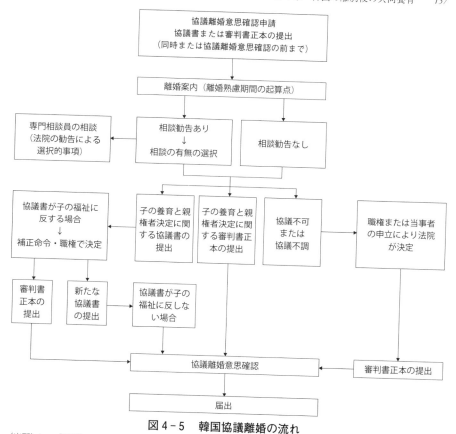

図 4 - 5　韓国協議離婚の流れ

(出所) Lee [2008].

無及びその方法について協議し，909 条 4 項の規定にある「子の養育と親権者決定に関する協議書」またはその審判書正本を提出し協議離婚の意思確認を行う（図 4 - 5）．家庭法院は，その協議内容が子どもの福祉に反しない内容であれば確認書が交付され，養育費負担調書が作成される．

　韓国の協議離婚は，日本の協議離婚と手続き上で相違がある．日本と韓国の協議離婚上の主な相違点として，次の 3 点が挙げられている．① 家庭法院による協議離婚意思確認を受けなければならない（第 836 条第 1 項），② 協議離婚意思確認を受けるまで離婚熟慮期間——原則として，養育すべき子がいる場合

は3カ月，それ以外の場合は1カ月——がある（第836条の2第2項），③協議離婚意思確認を受けるまでに，子の養育に関する事項（監護者の決定・養育費の負担・面会交流の有無及びその方法）および親権者決定に関する協議書を提出しなければならない[金 2019]．

　しかも，子の親権者の父母の協議内容が子の福祉に反する場合には，家庭法院による補正命令又は職権による指定が可能である（909条第4項）．日本の協議離婚と異なり，韓国の協議離婚の手続には家庭法院が積極的に介入する．しかし，子どもが面会交流権を行使する具体的な手続きが明記されていないことから，子どもの最善の確保を優先した改正であっても，権利主体としての子どもに対する実現のための手続きが準備されていない．面会交流権の法的性質についても，監護権（養育権）の一部と解されているとの指摘もあり[金 2019]，国連子どもの権利条約での親子分離禁止の原則や両親の共同養育責任等の規定（第7条1項，第9条3項）にある児童の権利の尊重としての面会交流権とは異なる位置づけである．

　このように韓国の制度上での離別後の共同親権における「子どもの最善」は具体的実施手段に欠ける理念先行のシンボリックな側面が指摘されている[金 2014]．

　また，韓国では日本より一年早い2013年3月1日からハーグ条約が発効しており，子どもの連れ去りに対しては，日本同様，居住国への返還が求められるようになっている．では，離婚後に一方の親が子どもを連れ去った場合にはどうなるのだろうか．

　日本では，親権者が居所指定権も含む子どもの身上監護権を担う．離婚に際し，親権者になる親が監護権も担うが，親権者が子どもを監護できない場合に，親権者と監護権者が別になる場合がありえる．韓国でも，親権の内容は子どもの監護に関する事項と財産管理に関する事項があり，離婚する際に親権者と監護者を別に指定することができる．

　協議により，父親が親権者，母親が監護者と定めて離婚が成立した場合，「子の監護者と指定された者は，子の養育・教育に必要な居所の指定，不当に子を拘束している者に対する引渡請求ないしは監護権妨害に対する妨害排除請求等をすることができると解され」るとして，監護者の権限が親権者である父

親の居所指定権ないし幼児引き渡し請求権を不当に侵害するものではないとの判例[10]があることから，韓国人の夫と離婚したベトナム人の妻が，婚姻継続中に子（当時生後13ヵ月）を母国に連れ去ったことが未成年者略取罪に当たるかが争われた事案において，「父母の一方が同居して未成年の子を保護・養育しているなかで，父母の一方が他の一方またはその子に対していかなる暴行，強迫または不法な実力も行使することなく当該子を連れて従前の居所を離れて他の場所に移し，保護・養育を継続している場合には，当該行為が保護・養育権の濫用に当たるなどの特別の事情のない限り，当該行為をもって直ちに刑法上の未成年者略取罪が成立すると認めることはできない」という判例[11]が出されていることが紹介されている[金 2019].

　以上より，韓国での未成年子を伴う離婚の法的手続きの特徴と子どもの共同養育への影響については次のようにまとめられる．日本の協議離婚と異なり，韓国では協議離婚についても家庭法院での手続きを踏まなくてはならない．未成年子を伴う離婚の親権の決定では，共同親権も導入されているが，共同親権の場合でも単独親権の場合でも，子の養育に関する事項（監護者の決定・養育費の負担・面会交流の有無及びその方法）および親権者決定に関する協議書を家庭法院に提出しなければならない．しかも，その内容が子どもの福祉に反する場合には，家庭法院が当事者親子の請求や職権で変更などを行うことができるなど積極的な国家の介入が行われる．

　このような協議離婚に際しても，子どもの親権者の決定や離婚後の子どもの養育内容について，国家による積極的な介入によって「子どもの最善の利益」が図られる仕組みが取り入れられていると思われる．しかしながら，面会交流は子どもと子どもを直接養育しない父母の一方の権利とし，子どもを直接養育しない父母の一方が請求することが出来るとされながらも，子どもに具体的な手続きが無い．このことから，面会交流自体が子どもを直接養育しない父母の一方の監護権という，親の権利としても理解されているという指摘もあることから，韓国の制度上での離別後の共同親権における「子どもの最善」は具体的実施手段に欠ける理念先行のシンボリックな側面が指摘されている．

　また，子どもを監護する親がもう一方の親に無断で子どもを連れて移動することが，日本の場合と同様に，国内での判決では必ずしも違法とはならないこ

とが判例とされている．このことは，国際的な子の連れ去り事案についてハーグ条約加盟国として日本と同じ課題を抱えること，すなわち子どもの連れ去りに対しての国内での法的対応と，ハーグ条約加盟国としての対応との"ダブル・スタンダード"が懸念される．

3　韓国の子どものいる場合の離別後の共同養育の実際

（1）　インタビュー調査からうかがえる共同養育の実際について

　韓国での調査は，2016年12月下旬に10名を対象に行い，内1名は未婚であった．いずれのケースもインタビューの回答者は母親であった．韓国でのインタビュー対象者10名のうち，共同親権のケースが5名，単独親権のケースも5名であった．半数のケースで共同親権となっているが，両親が協議で決めた場合も，家庭法院の審議で決まった場合もいずれの場合でも，養育費や面会交流など子の養育と親権者決定に関する取り決めの内容が守られていないケースがほとんどであった．離別後も両親による共同親権と決まっても，実際には共同養育の実施が難しいことがうかがえた．また，単独親権の場合も同様に，協議でも審議の場合でも，子の養育と親権者決定に関して取り決めた内容が養育費や面会交流については守られていないケースが多かった．

　養育費を払ってもらえない場合，養育費取り立て委員会に申し立てることも制度的には可能であるが，相手に支払い能力がない場合，取り立てることが出来ない．今回のインタビューで回答した母親たちは，10名とも自分たちで子どもを育てており，父親が養育費の支払いを守っておらず，面会交流も取り決めた内容では行われていなかった．

　離別後共同親権の場合でも，父親の連絡先が分からなくなっていたため，子どもの入院や海外短期留学のビザ延長手続き，国外旅行など両親揃って書類に署名がいる場合では，かえって子どもの利益に反するケースもみられた．

　子どもの権利条約を反映し離別後の共同養育を実現するため，日本より早く離別後の共同親権制度を取り入れた韓国であるが，なぜこのように子どもの育ちを両親が協力して支えるという離別後の共同養育実施が円滑に進まないのだろうか．韓国でのインタビューに対する母親たちの回答から，韓国での離別後

の共同養育の課題を考えてみたい.

　以下，自分たちの共同養育について語る母親たちのインタビューの一部を紹介する[12].

　　家庭法院の審議で，月末に養育費 50 万ウオンを払うということで結論が出たが，9 年間全然貰っていない.家庭法院に訴えたら，1 日，2 日拘置所に入ることにはなるが，（養育費の支払いに対して）全然力はない.父親と連絡さえ取れない.養育費を支払ってもらえないというのは，やっぱり子どもに対して責任感を持っていないような気がして，そのことが切ない（K1：30 代，裁判離婚，夫の浮気で離婚，親権者は母親）.

　　相手は自分優先の人で，子どもの世話をすると怒る人だったから，面会交流も決めなかった.養育費を支払ってもらえないことについては，すごく不満を持っている.父親がどうやってお金を得ているか私には分かるが，法律的には所得が無いことになっていて.裁判を超えて，それを言える仕組みがなかなか無くて難しい.きちんと調べて対応してくれるケースワーカーみたいな人が必要だと思う（K2：40 代，未婚，親権者は母親）.

　　家庭法院の判断で，やはり両親一緒が良いだろうと共同親権に決まったが，私や子どもが電話やメールしても応答がなく，2 年目からは電話番号も変えられてしまって.子どもが病院に入院する時には同意書が必要だったので，病院が父親へ書類を送って半ば強制的に対応してもらった.2 年目からは養育費も全然払ってもらえなくて，養育費取り立て委員会に訴えて分割して払って貰うことになった.手続きも自分でやって大変苦労したし，お互い認めた上での共同親権だったのに，すごく腹が立った（K3：50 代，裁判離婚，共同親権）.

　　新興宗教の信徒として韓国へ来て，同じく信徒の 12 歳年上の父親と出会って結婚したが，結婚生活で殆ど帰宅しなかった父親に浮気を疑われ離婚を要求された.裁判では，面会交流は月 1 回，3 人の子どもの養育費も貰うことになっていたが一度も貰っていない.悪気があるのではなく，いつかは父親として自覚する日が来るだろうと前向きに考えている.面会交流では，1 回だけ 2 番目の子どもが父親に会いに行った.子どもが，父親はタバコを吸うしお酒も飲む

人で部屋も臭くて綺麗好きでは無かった．お母さんと住むのが一番良いと言って帰って来た．親から考えると共同親権はあまりよくないけど，健康な家庭を作れる子どもを育てるためには必要だと思っている（K4：30代，浮気を疑われ裁判離婚，共同親権）．

　父親の会社経営が悪化したので，協議で母親が単独親権者に自然に決まった．会社が倒産したので，養育費も自分で出来ると思ったから，要らないと決めた．面会交流も父親が求めなかったし，自分も会わせたくなかった．子どもが思春期で混乱するので，今考えてもそれで良かったと思う．父親が会いたいと言ったら考えるが．自分の弟が父親の役割をしてくれているし，親から見ると父親がいないことの影響も見られない．子どもも父親に対して期待が無いのだと思う．保育士として保育園で働いているが，預かっている子どもをみていても分かるように，長時間働いて子どもと接する時間が少ないから，どのように接するかが大事だと思う．単独親権でも親がしっかり子どもを育てる責任を持つことが大事（K5：50代，協議離婚，親権者は母親）．

　親権や養育のことでもめたが，当時は感情的なことで凄く疲れていたので，早く終わらせたいという気持ちで．離別後の親権のこと，二人とも良く分からなかったから共同親権に．裁判に入るのすら嫌だったから，早く終わらせるために養育費も面会交流も無しで終わらせたが，今になったら，ちゃんと弁護士を雇って決めたら良かった．子どもが小さい時には，父親の存在を探していた時期もあって，父親の状況を調べたら海外に行って再婚していた．子どもが短期留学した際，ビザを延長するには両親のサインが必要だったが，連絡が取れなくて延長出来なかった．子どもが「お父さんはこういう時でも役に立たないね」と見捨てられ感を抱いたようだった．学校に出す書類には，子どもが父親のことをパソコンのエンジニアだと嘘を書いて出していた（K6：40代，協議離婚，共同親権）．

　協議離婚で共同親権になった．家庭法院で父親が今は余裕が無いから養育費は将来払えるようになったら払うと言ったら，調停委員がそんな曖昧な表現できませんって．養育するのは母親だから，養育費は母親が自分で持つって書き

直さされた．父親は将来払うという気持ちがあったのに，養育費を払ってもらえないことになってしまって悔しかった．あの時に書いた紙を今でも持ってるが，調停委員の発言は記録に残らず結論のみ記録されるから，後から養育費を請求しようと思っても証拠がなくて出来ない．面会交流は2週間に一回会うことになっていた．お互い仲が悪いから離婚したのに，父親から悪口やきついことを言われる電話がくるのは嫌だったから，子どもとは一，二回しか会わせていない．離婚後，子どもには癲癇の発作が出て，病院で精神的にショックを受けた時に出る症状だと言われた．2週間おきにずっと通院することになって大変だった（K7：40代，協議離婚，共同親権）．

　父親の賭け事が離婚の理由で，家を借りる際に預けてある保証金の一部を父親に渡すことで離婚に合意してくれた．裁判では養育費は月50万ウオンで面会交流はいつでも会えるということにしていた．判決後も父親が会いたい時に子どもに会わせていたが，一回も養育費を貰っていなかったので，離婚後一年で子どもに会わせなくなった．最初から自分が育てようと考えていたし，親には親としての資格が必要だと思う．父親が面会交流で，競馬場やPCゲームの遊技場に子どもを連れていくから，そういう親としての資格のない親が，悪い道へ子どもを導くことがあったらそれは良くない（K8：40代，裁判離婚，父親の賭博で離婚，親権者は母親）．

　中国から国際結婚で韓国に来た．お互い障害を持っていて分かり合える部分があると思ったが，実際には義理の親たちとの関係がよくなくて離婚した．養育費も慰謝料も無い条件で共同親権だが，（障害の関係で）自分も体調が良くなくてどうなるか分からない心配もあった．面会交流は月二回という話で，最初の二，三カ月はそうしたが，自分の体の具合が悪くて，子どもを父親の家へ連れていけなくなった．子どもを迎えに来るように頼んだら，父親側の親と妹がすごく怒って面会交流できない形になっている．子どもが中国に行きたがっているが，未成年が国外に出るには親の同意書が必要になる．父親から同意をもらいたくないので，大人になったら行きましょうと言っている（K9：30代，協議離婚，共同親権）．

　協議で母親の自分が単独で親権者になって，父親が養育費を払うことになっていた．借りていた家も母親が子どもたちを養育するからそのままということになった．協議だけで順調に決まったのに，1年後から父親に色々と訴訟を起こされた．まず，借家の預けてあるお金を半分返して欲しいという訴訟を起こされて，こちらも子どもたちの養育費は全く貰えていなかったのでそれを訴えて，お互いがあきらめることになった．そしたら，今度は面会交流の訴えを起こされて，韓国では親が離婚したら子どもは必ず両親に会わせることに決まるので，月一回会わせているけど，子どもが父親は嫌いだと言って父とは呼ばない．元々父親は家に殆ど帰って来なかったので，父親に親近感を持っておらず，母親に対して優しくないのも見ていたから．今思春期ということもあって，自分がそんなに嫌がっているのに何で会わないといけないのかと尋ねる．あなたが会わないとお母さんが罰金とられるか拘置所に入らなければならないと子どもに説明した．子どもに無理をさせているけど，裁判で決まったことだから仕方ない．傍にいるから子どもの気持ちが分かるし，裁判の過程では辛すぎるから毎日泣いて，結局自分が諦めるしかなかった．訴訟中に子どもが脳炎になって，自分が子どものケアができていなかったとショックだった．訴訟で仕事にも集中できなくなり，正社員の仕事を辞めて，今は役所で1年契約の非正規の仕事をしている（K10：30代，協議離婚，母親が親権者）．

　これらの，母親たちからのインタビューから以下の問題点がうかがえる．

　協議であっても，審議での決定であっても，決められた共同親権や共同養育の内容が守られていない．養育費の支払いもほとんどのケースで，決められた通り支払われていない．養育費取り立て委員会への支払い請求も，手続きをしても支払いへの強制力が無い．また，公的には父親の収入が確認できず請求できないという訴えもあり，父親に支払い意思が無い場合には限界がある．

　別に暮らす父親と子どもとの面会交流でも，父親と連絡が取れないため行われていないケースが多い．また，実施されていても，子どもを競馬場や遊技場に連れ行くなどの父親の不適切な行動や，父親の元へ行くことを子どもが嫌がって母親が対応に困ることも複数のケースで指摘されている．さらに，国際結婚の場合，外国人の母親に対する父親側の家族からの差別意識が，子どもと

父親との面会交流を阻んでいることが示されていた．

　共同親権のケースでは，子どもに関する諸手続きにおいて両親による合意の署名が必要な場合でも，別に暮らす父親と連絡がとれないため，また父母間の関係が悪く連絡を取りたくないため，手続きが行えていない．このことも，子どもの福利の視点からは問題である．

　これらの課題より，養育費や面会交流，共同親権の場合の両親の合意など，離別後の共同養育を履行するには，子どもと別に住む親の共同養育への理解と協力が不可欠であることが分かる．

　また，両親間の問題だけでなく，子どもの心身への影響に対して様々なアフターケアが必要となる．離婚後の生活の変化やその後の両親間の訴訟などのストレスが影響し，子どもが重い病気になったケースも複数みられた．子どもが思春期を迎える場合は，一緒に暮らす親も共同養育に対する子どもの対応に色々と悩んでいる様子があった．共同親権者の父親と連絡が取れず自分の望む手続きが出来ないことで，子どもが父親からの「見捨てられ感」を抱いていたケースもあり，離婚後にも子どもの心身への影響に対して様々なアフターケアが必要となることも深刻な課題である．

　日本や台湾と異なり，韓国の場合は協議離婚であっても，未成年子がいる場合，家庭法院が離婚後の子どもの養育や親権者についての取り決め内容をチェックし，子どものために配慮された内容か確認される．養育費の支払いに関する調書も作成する．しかし，今回のインタビュー内容からは，離婚後にその内容が実施されているかについて，事後の確認が無く実効性に課題があることが分かった．また，離婚後の両親や子どもに対するサポートも必要であることも判明した．

（2）　離婚手続きに関する問題点

　協議離婚および裁判離婚の場合とも，協議離婚の意思決定書の提出から，家庭法院からの離婚の案内を受け，養育すべき子どもがいる場合は3カ月の熟慮期間が設けられている．しかし，今回のインタビュー対象者からは，その熟慮期間が表面化しており，親としての離別後の子どもの養育についての責任感や自覚を形成する効果的プログラムになっていないことが指摘された．

　以下に，家庭法院でのことに触れているインタビュー内容の一部を紹介する．

　　家庭法院で，A4両面刷りの紙1枚の説明を読んでおいてくださいと言われた．内容は，養育費・親権・面接交流などの語句説明だったが，離婚は初めてなので，そういう権利があるんだなあ程度の理解だった．夫婦二人だけ残されてDVDで共同親権の良いところを紹介した番組（30分）を視聴しただけだった．（K10：30代，協議離婚，母親が親権者）．

　離婚が初めての場合，知らなかった知識を突然大量に与えられ，さらに子どもにとって良いということであれば，親はそれがそのまま自分たちの子どもにとっても良いことだと思ってしまいがちになる．そのため，共同親権の場合，色々な場面で両親の合意が必要となる手続きの内容について具体的な知識提供が必要である．

　また，共同親権や共同養育だけ情報提供するのではなく，自分たち個々のケースについて共同親権がいいのか，単独親権の方がいいのか，共同養育はどのような内容だと親子にとって心身のストレスが少なく実施できるのかなど，どの選択がこの親子にとって最良なのか相談にのってくれたり，自己決定できるようにエンパワーメントしてくれる仕組みが求められている．

　家庭法院の調停委員や裁判官など司法側の専門家に対して，当事者親子各人をアドボケイト（権利擁護）してくれるサポーター（例えばケースワーカーなど）の存在が必要だと思われる．親教育での研修プログラムについては，実際に離婚した人でうまくいった例や，うまくいかなかった例，共同親権でうまくいった例やうまくいかなかった例などの事例紹介があればとの声もあった．

　　韓国は離婚する前に考える時間があって，色々なシステムや教育があるが，すごく形式的で実際に役に立つかというと役に立たない．相談しても，子どもにこれが良い悪いということだけ命令的に言われるだけだった．例えば離婚後の人で，共同親権でも単独親権の場合でも，良いケース，悪いケースがあるし，事例を教えてくれて，自分の子どもにはこういう思いはさせたくないとか，自分たちで考えられるような教育をやっていただけていたら，それができて自分が離婚していたら，父親の立場も変わっていたと思う（K6：協議離婚，共同親権）．

　また，家庭法院で離婚を考えている未成年子のいる両親に対して共同親権や共同養育についての教育プログラムを行っていても，調停の際に調停委員のジェンダー観が介入してしまい，共同親権なのに養育費は養育する母親がもつなど，一貫しない協議内容に誘導されてしまったことへの不満も語られた．

　　プログラムで（共同親権の意義について）学んでも，家庭法院での決定の際には調停委員に逆のことを言われた．（共同親権になのに）調停委員が「監護権はあなた（母親）がとるのだから，養育費も自分で出しなさい」と言って結局養育費を払ってもらえなくなった．調停委員が強制的に決めてしまうのに，その言動の一部始終が記録に残らず結果だけしるされるので，あとからやはり養育費を出して欲しいと思っても調停委員の発言内容は裁判記録には書かないから証拠がないから裁判も起こせない（K7：40 代，協議離婚，共同親権）．

　また，決まった共同養育の内容を強制的に実行させる制度的手段が必要だが，実際には養育費取り立て委員会に訴える手続きは簡単でも，相手に支払い能力がないと取り立てることができないので訴えなかったケースもあった（K9）．夫が所得隠しをしている場合，実際には所得があっても払ってもらえないケースも有った（K2）．

　　単独親権なのに，先の訴訟で養育費を払わないことに決まっていた相手に，子どもとの面会交流の裁判を起こされると，韓国では割と強制的に共同養育に決まる．専門家による心理相談の制度はあるが，父親との面会交流を嫌がっている子どもの気持ちが裁判全体の判決の中で占める割合が小さく尊重されない（K10：30 代，協議離婚，母親が親権者）．

　このように，裁判の中で幼い子どもの声が反映されないとの指摘もあった．子どもは大人の出来事に巻き込まれ自分ではどうすることも出来ない弱い立場である．このケースでは，父親の面会交流を求める訴訟中に，嫌がる子どもが脳炎になってしまい，母親も看病のために正規職を離職することなってしまった．子どもがまだ幼くても，大人だけで決める「子どもの最善」ではなく，子どもの意思や意見を尊重した「子どもの最善」が確保されることが必要だと思われる．

　以上，インタビュー調査結果から，共同親権か単独親権に関わらず，韓国では「子どもの最善の利益」の実現としての共同養育の理念が社会的に浸透していることがうかがえた．しかし，離婚時に決めた養育費や面会交流など共同養育の内容が，ほとんど守られていない．親権の種類に関わらず，共同養育については，明確な養育費の分担と効果的な支払いの制度化が必要である．

　共同親権の場合の，子どもに関する両親の合意が必要な諸手続きがあることについても，親権の種類を選ぶ前に双方の親が十分に理解する必要がある．

　さらに，「子どもの最善の利益」の実現としての共同養育の理念が社会的に浸透している一方で，当事者には具体的な制度的知識や社会資源についての情報の提供や当事者に寄り添い支える専門家による支援が普及していない．加えて，周囲の性別役割分業観や外国人の親に対する社会的非対称性など社会構造上の問題もあり，「子ども最善の利益」としての離別後の共同養育という理念と韓国の現実社会との齟齬が課題として浮かび上がった．

4　韓国の離別後の共同養育に関する課題

問題点と課題

　国際的には共同親権を取り入れる国は増えてきており，「子どもの権利条約」にある共同養育が「子どもの最善の利益」であるという考え方が趨勢である．本章の最後に，韓国での離別後の親権や共同養育における福祉国家体制の影響を考えたい．

　韓国での調査研究を通じて，離別後の親権についての課題としてここでは以下の2点を挙げる．

　1点目は司法制度の運用上の課題である．日本や台湾と異なり，韓国では協議離婚の場合でも，家庭法院という裁判所を通じて離婚の意思確認手続きを行う．その際，離婚の意思確認申請から，養育すべき子どもがいる場合は3カ月間，そうでない場合は1カ月間の熟慮期間が設けられており，また未成年子を伴う場合は，子どもの養育や親権者決定に関する協議書も提出しなければならない．子どもの福祉に反する内容の場合は，裁判所より修正の命令が出るようになっている．養育費の負担調査書も作成される．制度としては，子どもの利

益が確保される仕組みになっているといえるだろう.

　しかし，韓国の離婚当事者の母親たちのインタビューからは，家庭法院での離別後の子どもの共同養育に関する情報提供が行われても，A4両面印刷の資料を読んでおくようにと渡され30分ほどのDVDでプログラムを見るだけの形骸化した情報提供であり，役に立たないとの指摘がよく聞かれた．離婚の手続きに入るまでは，離別後の子どもの親権について考えたこともなく，家庭法院でのプログラムで初めて共同親権や共同養育について情報提供されても，ここに至るまでに心身ともに疲れ切っている親にとっては，離別後の子どもの親権や養育について，よく考える心の余裕が持てないことが懸念される.

　一連の離婚の手続きを早く終わらせたいと思い，また共同親権が子どもの最善であると説明されたので，だったら共同親権にしようと，お互い十分に理解しないまま共同親権を選んだというケースもあった．しかし，実際には離別後の様々な子どもの手続きにおいて両親の意思確認や署名が必要となる．子どもと別に暮らすもう一方の親が行方不明や連絡が取れなくなると，子どもに必要な手続きが行えず，かえって子どもに"見捨てられ感"を抱かせ，心を傷つけてしまっている.

　未成年子を伴う離婚に直面した親子の今後の福利のことを考えると，家庭法院での情報提供では，共同親権のメリットだけでなく，実際の運用上のデメリットや問題点も併せて情報提供が必要だと思われる．これについては，インタビューで母親が提案していたように，離別後に単独親権の場合でも，共同親権の場合でも，実際のケースで，良いケースや悪いケースなどの事例について話を聞く機会があれば，もっと自分たちで考えることが出来て良かっただろうとの意見は大変参考になるのではないだろか.

　その上で，共同親権が「子どもの最善の利益」だという判断を押し付けるのではなく，各当事者親子にとって，これまでの親子関係から，自分たち家族にとって，どのような離別後の親権の形や子どもの養育が最善なのか考えることが出来るようエンパワーメントし，当事者親子が自己決定できるように支援する仕組みと援助職の配置が必要だと考えられる.

　また，父親から起こされた裁判で共同養育の判決が下され，当事者である子どもの意思がほとんど判決に反映されず，母親が苦しんだケースも見られた.

父親との面会交流を嫌がる子どもが病気を患い，看病のため母親が正規の仕事を辞めた．父親から養育費を受け取っていない中での減収は，親子にとって大変辛い結果であった．子どもが父親に会うのを嫌がっても，面会交流は裁判で決まったことだからしょうがないと，インタビュー中に母親が涙していた．裁判では，子どもの福利として父親との面会交流の判決が下されたと考えられるが，本当にその子どもにとっての最善の選択だったのだろうか．子どもは小さいからまだよく分からないと決めつけるのではなく，子どもの権利条約にあるように，当事者である子どもの意思をしっかり取り入れる司法上の運用が必要だと考えられる．

　さらに，両親が調停前に離別後の共同養育についてビデオ教育を受けても，調停委員が従来的性別役割分業観を持ち出し，共同親権でも監護権は母親だから自分で養うようにと，事前に受けた共同養育，共同親権に関する研修内容と矛盾した誘導をされたと腹を立てていた母親のケースもあった．払えるようになったら養育費を払うという父親の意見を協議書に取り入れてもらえず，別に暮らす親からの養育費の援助を諦めざるをえなかった．司法の場において，子どもの福利として，離別後の共同親権の選択ばかりが目的化してしまい，本来子どもが成人するまで重要なはずの離別後の子どもの養育の内実を充実させることが置き去りになってしまっていることが危惧される．

　2点目は，法理と現実の齟齬である．離別後の共同親権の選択が，必ずしも全ての「子どもの最善の利益」にはなっていない．子どものためと思って共同親権を選択しても，離別後は別に暮らすもう一方の親が再婚して連絡が取れなくなり，子どもの生活や人生における様々な出来事で別居親の承認を得ることができず，結果的に支障をきたすケースが複数みられた．「離婚に至る過程，父母の関係性，親自身の離婚からの立ち直り，子ども自身の親への思い等は多様であり，離婚後の面会交流から生じる問題も多様である．子は父母の別居・離婚に関わらず，父母と交流し父母の養育を受ける権利があり，父母もまた親としての責任がある．この法理をいかに個別の事例に対応させていくかが問われている」という指摘がある［二宮 2013: 55］．面会交流の法理に対し，DV や児童虐待などに対するリスク管理の問題や，親の責任の自覚，父母間の葛藤の問題などが面会交流実施への大きな障害となっている．

　日本と同様に家族主義型の福祉国家である韓国で，離別後の共同親権選択で
あっても，単独親権選択であっても，離別後の共同養育における双方の親の戸
惑いや葛藤，またそれぞれの子の祖父母を巻き込んだ奪い合いが共同養育実施
の大きな問題となっていた．家族に子どものケアなど福祉的課題の責任を委ね
た家族主義福祉国家体制のまま，グローバルな法理念を国家が導入したことか
ら発生している齟齬の問題であるとも考えられる．北欧など社会民主主義福祉
国家体制という，福祉の「脱家族化」がある程度進んでおり，さらに進めつつ
ある福祉国家体制の国で先行する法理念や司法の仕組みを参考にしながらも，
自国に対して福祉は「家族化」のままであることが当事者家族に葛藤やトラブ
ルを引き起こしている一因になっている．

　同じ家族主義福祉国家である韓国と日本であるが，近代化のスピードが凝縮
された韓国では，既にグローバルな理念として子どもの利益に基づく共同養育
や共同親権制度が取り入れられている．しかし，韓国の制度上での離別後の共
同親権における「子どもの最善の利益」は，具体的実施手段に欠ける理念先行
のシンボリックな側面があるとの指摘があった[金 2014]．そのため，実際の内
容では，「子どもの最善の利益」として目指された離別後の両親による子ども
の共同養育や共同親権の内容とは異なっているケースがあることが判明した．
また，まだ離別後の共同親権制度を導入していない日本においても，ハーグ条
約加入に従い，制度的には日本国内では単独親権制であるが国外的には共同親
権にも対応するといった"ダブル・スタンダード"な状態となっている．また，
国内での母親による子の連れ去りがあった親権裁判でも，子の「監護の継続
性・安定性」が重視されて母親による親権という判断基準が，グルーバルな判
断と逆行しており，"二重のダブル・スタンダード"ともいえる．母親に子ど
ものケアが委ねられた性別役割分業に基づく家族主義福祉国家における離別後
の共同養育や共同親権導入のあり方について，本当の意味での「子どもの最善
の利益」を実現できる方法を慎重に考えていなかなければならないだろう．

注
1 ）ソウル家庭法院で行われている「子ども問題ソリューション会」では，キャンプなど
　の両親教育プログラムの実施や養育手帳が配布される．手帳には，子どもとの対応やコ

ミュニケーションの取り方，親へのサポート事項などが記載され，親自身が自分を振り返れるように組まれている.

2）法的に養育費債権が無いとは，やり取りが無い場合や，法的に決定されたところ無いことになった場合である.

3）親権に服する子は未成年子である（第 909 条第 1 項）. また，韓国での成人年齢は 20 歳だったが，2013 年 7 月より 19 歳へと引き下げられた（第 4 条 2011 年 3 月改正）.

4）本文中で取り上げる韓国民法は 2021 年 1 月 26 日法律第 17905 号一部改正（법률 제 17905 호，2021. 1. 26. 일부개정）までである.

5）韓国では日本の最高裁判所に相当する大法院（대법원）が，そのもとに高等裁判所に相当する高等法院（고등법원）と地方裁判所に相当する地方法院（지방법원）があり，その他に家庭法院（가정법원）がり，日本の家庭裁判所に相当する.

6）第 836 条（離婚の成立及び申告方式）① 協議上離婚は，家庭裁判所の確認を受け，戸籍法に定めるところにより，申告することにより，その効力が生ずる.

7）家事訴訟規則第 99 条（当事者）① 子の養育に関する処分及び変更，面会交流権の制限及び排除並びに親権者の指定及び変更に関する審判は，父母の一方が他方を相手方として請求しなければならない.

8）헤이그 국제아동탈취협약 이행에 관한 법률（제 11529 호 신규제정 2012. 12. 11.） ハーグ国際児童奪取条約の履行に関する法律（法律第 11529 号 2012 年 12 月 11 日）

9）日本において親権のうちの身上監護権として，身分行為の代理権（民法 737 条，797 条など），居所指定権（821 条），懲戒権（822 条），職業許可権（823 条）がある. 親権には財産管理権（824 条）もある.

10）韓国大法院 1985 年 2 月 26 日判決［金 2019］.

11）韓国大法院 2013 年 6 月 20 日判決［金 2019］.

12）母親の語りにある年齢は調査時点の年齢である.

参考文献

金亮完［2014］「アジア法 – 韓国」，『床谷文雄・本山敦編『親権法の比較研究』日本評論社.
――――［2019］「韓国における親権・監護権に係る法令・制度の概説」（https://www.mofa.go.jp/mofaj/files/000487547.pdf，2022 年 1 月 3 日閲覧）.

宋賢鐘［2009］「大韓民国における離婚法の改正と養育費の支払いなどの実態――協議離婚制度の変化を中心として――」『養育費相談支援センター・ニューズ・レター』2.

宋賢鐘・犬伏由子・田中佑季［2015］「韓国法における養育費の確保・面会交流センターの実務について」『法学研究』（慶應義塾大学），88(9).

二宮周平［2013］「望まれる法システム」『法律時報』85(4)（通巻 1058 号）.

二宮周平・金成恩［2010］「韓国における子どものいる夫婦の離婚問題への取り組み――『子ども問題ソリューション会』と「養育手帳」――」『立命館法学』331.

日本弁護士連合会［2018］「韓国の養育費制度――韓国視察報告――」（シンポジウム 養育費の履行確保のため今，取り組むべき課題――子どもの最善の利益のために――）.

Lee, M.-C. [2008] "The Procedure of Divorce by Agreement in 2008 Year's Amendment of Civil Act,"『家族法研究』22(3).

＜資料＞

韓国女性家族部［2018］「ひとり親家族実態調査」（2019 年 4 月 12 日）.

韓国統計庁［2020］「婚姻離婚統計報道資料」（2021 年 3 月 18 日）.

資料　韓国の子の養育と親権者決定に関する協議書

事件　　　　号　　　　協議離婚意思確認申請

当事者　父　姓　　　名
　　　　　　　住民登録番号　　　　　　　－

　　　　　妻　姓　　　名
　　　　　　　住民登録番号　　　　　　　－

協議内容

1　親権者および監護者の決定（□に✓をつけるか、該当する事項を記入してください。）

子の名前	性別	生年月日（住民登録番号）	親権者	監護者
	□男 □女	年　　月　　日 （　　　－　　　）	□父　　□母 □父母共同	□父　　□母 □父母共同
	□男 □女	年　　月　　日 （　　　－　　　）	□父　　□母 □父母共同	□父　　□母 □父母共同
	□男 □女	年　　月　　日 （　　　－　　　）	□父　　□母 □父母共同	□父　　□母 □父母共同
	□男 □女	年　　月　　日 （　　　－　　　）	□父　　□母 □父母共同	□父　　□母 □父母共同

2　養育費用の負担（□に✓をつけるか、該当する事項を記入してください。）

支払人	□父　　□母	支払を受ける者	□父　　□母
	□定期金		□一時金
支払額	離婚の届出の翌日から子らが成年に達する前日まで 未成年者1人当たり　毎月金　　　ウォン （ハングル併記：　　　ウォン）		離婚の届出の翌日から子らが成年に達する前日までの養育費に関し 　　　　　金　　　ウォン （ハングル併記：　　　ウォン）
支払日	毎月　　　日		年　　月　　日
その他			
支払を受ける口座	（　　　）銀行　　　口座名義人：　　　　　口座番号　：		

3 面会交流権の行使の有無およびその方法（□に✓をつけるか、該当する事項を記入してください。）

日付	時間	引渡場所	面接場所	その他（面会交流時　注意事項）
□毎月 ＿＿＿＿＿週目 ＿＿＿＿＿曜日	時　分から 時　分まで			
□毎週 ＿＿＿＿＿曜日	時　分から 時　分まで			
□その他				

添付書類

1　所得税の源泉徴収票、事業者登録証および事業者所得金額証明願等、所得金額を証明するための資料：父母別に各1通

2　上記1項の疎明資料を添付することができない場合には、父・母の所有する不動産の登記簿謄本または父・母名義の賃貸借契約書、財産税納税領収（証明）書

3　慰謝料または財産分与に関する合意書がある場合には、その合意書写本1通

4　子の養育と親権者決定に関する協議書写本2通

協議日付：　　　年　　　月　　　日

父：　　　　　　　　　（印／署名）　　　母：　　　　　　　　　　　　（印／署名）

○○家庭（地方）法院	判事確認印
事件番号	
確認日	・　・　・

子の養育と親権者決定に関する協議書の作成方法

※未成年の子（妊娠中の子を含みますが、離婚に関する案内を受けた日から3か月または法院が別途
定めた期間内に成年に達する子を除きます。）がいる夫婦が協議離婚をするときは、子の養育と親
権者決定に関する協議書を、確認期日の1か月前までに提出しなければなりません。

※未成年の子が養子になった場合には、実の父母の親権は消滅し、養父母が親権者なので、実の父母
は養子になった子どもに対する監護や親権者の決定に関する事項に記入してはいけません。

※離婚意思確認の申請後、養育と親権者決定に関する協議が円滑に行われない場合には、迅速に家庭
法院に審判の申立てをしなければなりません。

※確認期日までに協議書を提出しなかった場合、離婚意思の確認が遅れたり、不確認として処理され
ることがあります。協議した内容が子の福祉に反する場合には、家庭法院は補正を命ずることがで
き、補正に応じなかった場合には、不確認として処理されます。

※離婚の届出日の翌月から未成年の子が成年に達する前日までの期間に該当する養育費については、
養育費負担調書が作成され、離婚後、養育費負担調書による養育費を支払わなかった場合には<u>養育
費負担調書</u>に基づいて強制執行をすることができます。その他の協議事項は、<u>「別の裁判手続」</u>に
より過料や留置等の制裁を受けることがあり、強制執行を受けることがあります。

　　※協議書の作成前に、まず家庭法院の相談委員の相談を受けてみられるよう、勧告します。

1　親権者および監護者の決定
　　親権者は子の財産管理権、法律行為の代理権等を有し、監護者は子と共同生活を営み各種の危険から
子を保護する役割を果たします。協議離婚時、親権者および監護者は子の福祉を優先的に考慮して父ま
たは母の一方に定めることもできれば、父母共同に指定することもでき、親権者と監護者を別々に指定
することもできます。（共同親権、共同養育の場合は、離婚後においても父母間に円滑な協議が可能な
場合にのみ望ましいものであり、各自の権利・義務、役割、同居期間等を別に明確に定めておくことに
よって将来の紛争を防ぐことができます。）
妊娠中の子については、子の名前の欄に「母が妊娠中の子」と記載し、生年月日の欄には「妊娠○か
月」と記載し、性別欄には記載する必要がありません。
2　養育費の負担
　　子に対する養育義務は、親権者か監護者かを問わず、父母として必ず負担しなければならない法律上
の義務です。養育費は、子の年齢、子の数、父母の財産状況等を考慮して適切な金額を協議で定めなけ
ればなりません。経済的能力が全くない場合には、協議により、養育費を負担しないと定めることがで
きます。離婚の届出の前に養育費または成年に達した後の教育費等については、父母が協議して「その
他」の欄に記載することができますが、養育費負担調書には記載されませんので、強制執行をするため
には別の裁判手続による必要があります。
3　面会交流権の行使の有無およびその方法
　　民法第837条の2の規定により、離婚後子を直接養育しない父母（非養育親）の一方と子は、互いに会
う権利を有しており、面会交流は、子が父母双方の愛情を受け、健やかに成長するために必ず必要なも
のです。面会交流の日時は、子の予定を考慮して定期的・規則的に定めることが子の安定的な生活に役
立ち、子の引渡場所および時間、面会交流の場所、面会交流時の注意事項（その他の欄に記載する。）
等を詳細に定めることによって将来の紛争を防ぐことができます。
4　添付書類
　　協議書が子の福祉に合致するか否かを判断するため、父・母の月別所得額と財産に関する資料等が
必要となりますので、証拠書類を提出します。
5　その他の留意事項
　　法院は、協議書の原本を2年間保存した後に廃棄しますので、法院から交付された協議書謄本は、離
婚の届出前にコピーをとって保管して下さい。

（出所）大韓民国法院（https://www.scourt.go.kr/search/total/TotalSearch.work，2022年2月22日閲覧）.

終　章

東アジアの共同養育
——日台韓の比較を通じて——

1　東アジア家族主義福祉国家の離別後の親権をめぐる課題

　最終章である本章では，本書の研究課題である東アジアの家族主義福祉国家である日本，韓国，台湾での両親が離別後の子どもの親権や共同養育についてそれぞれ問題点をまとめていきたい．

（1）　日本の課題──制度と運用に齟齬がある "二重のダブル・スタンダード"

　未成年子がいる夫婦が離婚する際の離別後の親権について，日本の民法では，協議離婚の場合も，裁判所での離婚の際でもいずれの場合でも単独親権制である．現在も未成年子を持つ離婚の場合，8割以上で母親が全児の親権を持つ一方で，近年子どもの監護事件数が増えており，かつ審理期間も長期化している．特に，少子化や祖父母の高齢化，そして父親の意識の変化などを背景に，近年急速に数が増えてきているのが面会交流に関する事件である［榊原・池田 2017］．

　2011（平成23）年，「民法の一部を改正する法律」（平成23年法律第61号）が成立したが，この改正に大きな影響力を与えたのは，日本でも1994年に発効した子どもの権利条約である．この条約では，子どもは父母に養育される権利を有し，父母の一方より分離されている子どもは定期的に父母のいずれとも交流する権利が尊重される．国は父母の養育責任遂行の援助をするとして，離別後の父母による子どもの共同養育は国が支える子どもの権利と位置付けられている．

　2011（平成23）年の改正民法では，子どもの権利条約を受けて，親権に関する諸規定に「子の利益」の観点が明確化されたことに加え，第766条 離婚の際の子の監護に必要なことに関し，「父又は母と子との面会及びその他の交流」（面会交流）及び「子の監護に要する費用の分担」（養育費）が明示されることになった．さらに，子の監護について必要な事項を定めるに当たっては「子の利益を最も優先して考慮しなければならない」と子どもの権利条約における「子どもの最善の利益」が反映された．

　この改正に基づき，2012（平成24）年4月1日からは，協議離婚届けに養育費や面会交流についての協議のチェック欄が設けられ，両親への確認や周知等

が図られるようになった．このチェック欄へのチェックは，義務ではなく任意であるが，2020（令和2）年6月までで，面会交流，養育費それぞれのチェック欄に取り決めをしているにチェックのある割合は，ともに漸増しながら現在は65％前後で推移しており，目標値の70％に近付きつつある（図2-8）．

このように，日本国内法では離別後の子の養育については単独親権制度下でも，離別後も両親による共同養育をより支える法体制となった．しかし，戦後長い期間に渡り，これまでの国内での裁判や調停など司法現場における親権者の判断基準が，「母親優先原則」から「監護の継続性・安定性」へと変化しながらも，家族主義福祉国家の特徴である性別役割分業は法改正後の未成年子の親権者に対する司法判断にも影響を残している[1]．

また一方で，日本がハーグ条約に加盟し，2014（平成26）年4月1日よりこの条約が発効するようになり，日本国外での離婚に対しては，その国で決まった内容が離別後も共同親権の場合，日本もハーグ条約加盟国である相手国からの要求に応じて共同親権への対応が求められるようになった[2]．その結果，国内外の事案に対して離別後の未成年子に対する親権制度への対応が異なるという"ダブル・スタンダード"な状況に加え，「子どもの最善の利益」についての判断基準が，ハーグ条約加盟国としての国際的な視点での司法判断と国内事件への司法対応での判断基準が齟齬をきたすという"二重のダブル・スタンダード"をもたらしている[山西 2018a; 2018b]．

（2）　韓国・台湾の課題──離別後の共同親権とシンボリックな「子どもの最善」

日本との比較研究で取り上げる韓国と台湾は，子どもの最善を重視し，日本よりも20年以上前より未成年子を伴う父母の離別に際しては，単独親権か共同親権かどちらかを選べる制度を取り入れている．

韓国での離別後の親権は，1990年の改正によって，婚姻中の父母の共同親権が原則とされ，離婚の場合も父母の協議によって親権者を定めることが可能となった．この離婚後の共同親権は，1990年の民法改正の際に設けられた909条第4項に父母の協議によって親権者を定めることが出来るようになったこと，日本のように単独親権の条文が無い上，「子どもの最善の利益」の観点から諸外国の趨勢より理論上可能になったというものである．また，面会交流を，子

どもを直接養育しない親の権利とすることも同時に明文化（民法837条の2）された事によって実質共同親権，共同養育が可能となったとされる［金 2014］.

　2005年の改革では，子の福祉を親権行使の基準とする規定が新設され（改正法912条），父母の離婚の場合についても家庭法院への親権者指定審判申し立てが義務化された．2007年改正では，安易な離婚の阻止や離婚後の子の福祉の確保などを目的に，離婚熟慮期間制度が導入された（2007年改正836条の2）.

　また，離婚後における子の養育に関する事項（養育者の取り決め，養育費や面会交渉に関することなど）および親権者の決定に関する協議書の提出の義務化（837条）など，協議離婚手続きの内容が決められた．さらに2007年の民法改正では，837条の2に面会交流が非養育親の権利であるとともに子の権利であることが明文化された［金 2014］.

　韓国の協議離婚制度の特徴として，国による積極的な介入がある．家庭法院において協議離婚の意思確認を受けなければ協議離婚ができない（836条）．協議離婚の意思確認を受けるには，家庭法院において離婚に関する案内を受け，熟慮期間が1カ月から3カ月必要となる．さらに，子の養育に関する事項を取り決めとして，養育者の取決め，養育費の負担，面会交流の行使の有無及びその方法について協議し，子の養育と親権者決定に関する協議書または審判書正本を提出し協議離婚の意思確認を行う．家庭法院は，その協議内容が子どもの福祉に反しない内容であれば確認書が交付され，養育費負担調書が作成される［Lee 2008］.

　しかし，子どもが面会交流権を行使する具体的な手続きが明記されていないことから，子どもの最善の確保を優先した改正であっても，権利主体としての子どもに対する実現のための手続きが準備されていない．面会交流権の法的性質についても，養育権の一部と解することが通説のようだとの指摘もある［金 2019］．国連の子どもの権利条約での親子分離禁止の原則や両親の共同養育責任等の規定にある児童の権利の尊重としての面会交流権とは異なる位置づけとも受け取れる．このように韓国の制度上での離別後の共同親権における「子どもの最善」は具体的実施手段に欠ける理念先行のシンボリックな側面が指摘されている［金 2014］.

　台湾では，1996年の中華民国民法改正により，婚姻関係存続中及び離婚後

の父親優先の原則が削除された. 離別後の親権についても法的に男女平等が実現したとされる[黄 2014]. 未成年子に対する権利義務の行使又は負担は, 夫婦の協議により, 一方または双方がこれに任じ, 協議不成立の時は, 裁判所が, 夫婦の一方, 主管機関, 福祉団体, その他の利害関係者の請求によるか, または職権により, 決定することができる（民法 1055 条第 1 項）. 協議内容が子に不利な場合（同条第 2 項）, 裁判所は権利義務を行使し, 協議を改めたり, 義務の内容及び方法を決定したりすることができる（同条第 4 項）. さらに, 未成年の子と親との面接交渉の方法や期間を決定し, 面接交渉が子の利益を妨害するときには, 変更することが出来る（同条第 5 項）. これらの裁判を裁判所が行う場合は, 子の最良の利益に従って行われるが, 親権者, 養育費, 面会交流を定めなくても協議離婚ができる. 家事調停, 和解, 審判に進めば, 子の権利や利益を尊重した解決が志向されるが, 協議離婚では当事者の任意に委ねられる[二宮 2014].[4]

　台湾の親権は世界的潮流に合わせて,「家のため」から「親のため」を経て「子のため」へと立法目的が変わってきたこと. そして, 家庭内の「弱者」である未成年の子を保護するために, 裁判所などの公的機関および社会福祉団体による積極的介入が期待されるようになり,「子どもの最善」は台湾親権法の最大の特徴になったとされる[黄 2014].

　しかしながら, 台湾の離別後の親権について, 子どもの最善の利益の判定基準の曖昧さの問題の指摘もある[山西・周 2018]. 法務省による判断基準には, 子どもの年齢も含まれ, 現状維持原則により幼い子の親権を母親に決める原則がある. しかし, これは女性の性別役割を固定するものであると同時に, 父親による DV で子どもを置いて家を出た母親には不利になる. さらに, この現状維持原則を背景にした子どもの連れ去りなどの不当行為を防止するためにフレンドリーペアレントルール（善意父母原則）が導入された（1055 条の 1 第 1 項 6 号）.[5] 父母のどちらが友好的であるかを裁判所が斟酌, 評価, 親権者の判断根拠の一つにした[二宮 2014].

　台湾での実際の親権者の推移は, 母親が親権者となることが多い日本と異なり, 父親が過半数をしめ, その後漸減はしてきているが, 2015 年時点でも父親が親権者の占める割合は高い. 母親親権者の割合はあまり大きく変わらず,

父母による共同親権は漸増傾向を示しながらも，2015年時点では2割である（図終-1）．

　台湾は1996年より，韓国も実質1990年からと，両親離別後の共同親権を取り入れて20年以上経つ．背景には両国とも民法の親族法改正による家庭内における男女平等の実現と，子どもの権利条約における「子どもの最善の利益」の保障がある．しかし，両国とも，「子どもの最善の利益」の判定基準において，それぞれの社会の価値観による恣意性がうかがえる．子どもの権利条約にある権利主体としての子どもの権利保障と，実際の両国の離婚時の手続きやそれ以降の親子関係に関する規定では，必ずしも子どもの意向が確保されていない．その点では，両国の離別後の共同親権における「子どもの最善の利益」は結果的には理念先行のシンボリックなものになってしまっていることが懸念される［山西 2020］．

　3カ国とも，民法の離別時の子どもへの対応については，子どもの権利条約にそった「子どもの最善の利益」を取り入れながらも，日本では離別後は単独親権制度における共同養育への反映として，韓国と台湾では共同親権も選択肢に取り入れているが，運用において子どもの最善の判断基準の曖昧さの問題を内包していることが共通している．

　これらが，実際の離別後の子どもの養育にどのような影響をもたらしているのか，次節では確認していくことにしたい．

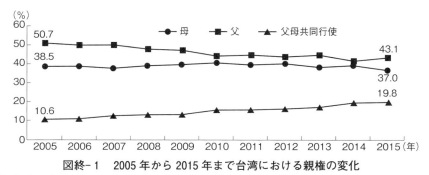

図終-1　2005年から2015年まで台湾における親権の変化

（出所）「2017 性別圖像」p.8, 行政院主計聽處, 中華民国106年3月編印.

2 日本・台湾・韓国における現地調査の結果から

（1） 調査の目的および方法について

次に東アジア家族主義体制下の離別後の親権と共同養育の実際について，離別後の親権が単独親権である日本と，日本より先行して共同養育や共同親権が取り入れられている台湾及び韓国を比較検討するため，各国で量的質的調査を実施し日本の課題を考察した．

調査方法は，各国における当事者対象に離別後の親権及び共同養育の実際についてのアンケート調査およびインタビュー調査を行った．[6] ３カ国で比較検討するため，アンケート調査の内容は国による制度的違いの部分を除いては基本的に共通の内容で行った．インタビュー調査結果についてはこれまでの章で紹介してきたので，今回はアンケート調査結果のみを分析対象とする．

調査の実施時期および対象者については次の通りである．日本でのアンケート調査は 2016 年 8 月から 2018 年 8 月に，韓国では 2016 年 12 月に，台湾では 2017 年 1 月に，それぞれ協力の得られた母子家庭支援団体や，母子福祉関連施設にて留め置き法にて行った．なお，今回の両国におけるアンケートおよびインタビュー調査は，勤務校の倫理審査会議での承認下において実施され，調査倫理上の配慮は十分に行って実施した．

（2）日台韓のアンケート調査結果の比較より

離別時について

最初に，アンケート調査回答者の基本的特徴を確認する．アンケートの回答数は日本が 23 名，韓国が 20 名，台湾が 34 名であった．台湾では回答者に男性が 2 名含まれる．[7]

回答者の離婚時の年齢では，今回の調査では日本と台湾の方が韓国よりも離婚時の年齢が比較的若い傾向がうかがえた．そのため，ひとり親になった時の一番下の子どもの年齢も，日本，台湾，韓国の順に子どもの年齢が高い傾向を示していた．

ひとり親になった理由（配偶関係）では，日本は離婚 17 名（77.3％），未婚 2

名 (9.1%), その他 3 名 (13.6%⁸⁾), 韓国は 20 名全員が離婚, 台湾は離婚 22 名 (66.7%), 死別 2 名 (6.1%), 未婚 8 名 (6.1%), その他 1 名 (3.0%) であった. 3 カ国とも離婚が大半を占める.

現在の親権者 (有効回答 日本：23 名 韓国：20 名 台湾：30 名) については, 日本では母親が 18 名 (81.8%) と殆どを占め, 父親 1 名 (4.5%), 離婚調停中でまだ離婚が成立してないために共同親権である人が 3 名 (13.6%) であった. 韓国では, 回答者すべてにおいて離婚が成立しており, 母親親権者が 15 名 (75.0%), 共同親権が 5 名 (25.0%) で父親親権者はいなかった. 台湾では回答者に未婚者も含むが, 母親が 11 名 (66.7%), 父親 5 名 (6.1%), 共同親権が 11 名 (24.2%), その他 3 名 (3.0%) であった. 3 国と親権者は母親が過半数を超えるが, 韓国と台湾では共同親権のケースが約 1 / 4 を占めている. なお離別時の 3 カ国の回答者の集計結果については巻末資料を参照いただきたい.

ひとり親になった理由 (複数回答)

ひとり親になった理由 (複数回答) は, 日本で多い理由は「精神的暴力」が 15 名 (68.2%),「ギャンブルや浪費」が 11 名 (50.0%),「生活費を入れない」が 11 名 (50.0%) といった精神的, 経済的暴力の項目である. これに対して韓国では「性格の不一致」の 10 名 (50.0%) が一番多く, また次に多い項目に「家庭をかえりみない」が 7 名 (35.0%) と, 日本や台湾と傾向が異なっている. 台湾の一番多い理由は, 韓国の場合と同じく「性格の不一致」14 名 (48.3%) であったが, 他の理由は日本や韓国の方が高い割合を示している (図終-2). 3 カ国の共通として「家族と折り合いが悪い」が同じ程度多いことであるが, その一方で, 今回のアンケート回答者では, 日本の場合は精神的・経済的暴力による離婚要因が多く, 韓国や台湾では当事者間の性格の不一致が大きな要因であることがうかがえる (図終-2).

離別時の親権者の決定について

次に離婚時の親権者の決定や, 養育費や面会交流などの両親離別後の子どもの共同養育についての話し合いの実際について, 回答結果をみていく⁹⁾.

日本では, 前述のように 2012 (平成 24) 年 4 月 1 日より離婚届に離婚後の共

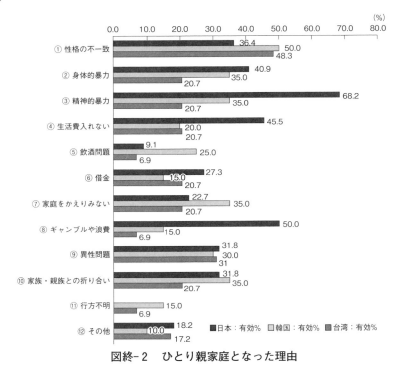

図終-2　ひとり親家庭となった理由

（注）（回答者数：日本 23 名・韓国 20 名・台湾 34 名.

同養育についての協議のチェック欄が設けられた．共同養育についての質問項目では，この欄へのチェックについて尋ねたところ，無回答 6 名（26.1%）と「チェックしなかった」8 名（34.8%）を併せると 6 割を超えた．なお，「チェック欄が無かった」，「面会交流の欄のみチェックした」は各 3 名（13.0%）であった．

　韓国では，離婚時に未成年子がいる場合，協議離婚でも必ず共同養育に関する協議書を提出することが民法親族編で規定され，また協議が整わないなどの場合には家庭法院が職権にて親権者を指定することができる（836 条の 2，837 条，909 条等）．今回の韓国の回答者では，離婚時の「子どもの親権についての話し合い」（有効回答 20 名）では，「協議」離婚 15 名（75.0%）のうち「母親が親権者」11 名（55.0%），「共同親権」4 名（22.0%），「裁判所による判断」で離婚 4 名（20.0%）のうち「母親」1 名（5.0%）「父親」2 名（10.0%）「共同親権」

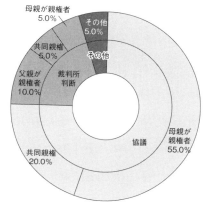

図終- 3　子どもの親権についての話し合い（韓国：有効回答 20 名）

　1 名（5.0%），「その他」が 1 名（5.0%）であった．協議離婚でも親権者が「母親」となる場合が多く，協議離婚，裁判離婚を併せると，親権者の割合は「母親」が 12 名（60.0%），「父親」2 名（10.0%），「共同親権」は 5 名（25.0%）と母親親権者が 6 割で一番多かった（図終- 3 ）．

　台湾でも離婚時の親権者として父母いずれかの単独親権と，共同親権が選択できる．有効回答者 30 名では，「協議」18 名（60.0%）のうち，親権者が「父親」が 親権者 3 名（10.0%），「母 親」が 8 名（26.7%），「共同親権」7 名（23.3%），「裁判所による判断」7 名（23.3%）のうち「母親」6 名（20.0%），「父親」1 名（3.3%），「共同親権」は 0 名，「その他」が 5 名（16.7%）であった．韓国の場合と異なり，協議離婚の場合は，母親が親権者になる割合と，共同親権の割合があまり変わらないが，裁判離婚の場合はほぼ母親が親権者となっている．協議離婚，裁判離婚を併せると，親権者の割合は「母親」が 14 名（46.7%），「父親」4 名（13.3%），「共同親権」は 7 名（23.3%）であった（図終- 4 ）．

　離別時の子どもの親権者の決定については，日本の回答者は 8 割以上で母親が親権者であった．共同親権が選択肢にある韓国と台湾の場合でも，韓国で 6 割が，台湾でも 4 割が母親親権者で一番多かった．韓国と台湾の両国で，協議で共同親権が選択される場合が全体の 2 割を占め，さらに協議離婚のうちでは

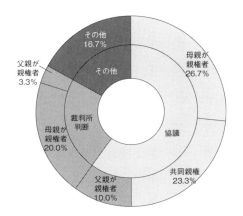

図終-4　子どもの親権についての話し合い（台湾：有効回答 30 名）

韓国で 15 名中 4 名（26.7%），台湾では 18 名中 7 名（38.9%）と高くなる．台湾では，協議離婚で共同親権を選択する割合が約 4 割と韓国よりもさらに高くなっている．

離別後の共同養育の取決めについて

離別時の子どもの共同養育についての取決めが調査時点現在でどのような状況であるのか，養育費と面会交流について日台韓の 3 カ国を比較した．

日本の場合は未成年子を伴う離別でもお互いに協議が出来れば離婚手続きの際に裁判所を通さなくても協議離婚ができる．さらに，前述のように日本の回答者は離婚届に設けられている離婚後の共同養育に関する協議のチェック欄に 7 割がチェックしていない．

そのため，養育費についての離別時の取決めが順調であったかどうか尋ねたところ，日本の場合（有効回答 17 名）では，「順調だった」（3 名 17.6%），「難航した」（3 名 17.6%），「取り決めはしなかった」（11 名 64.7%）で，順調に決まったのは 2 割に満たず，「難航した」と「取り決めはしなかった」が 8 割以上で養育費を取り決めることはかなり難しいことが示されている．

韓国の場合（有効回答 20 名）では，「順調だった」（8 名 40.0%），「難航した」（10 名 50.0%），「取り決めはしなかった」（2 名 10.0%），台湾の場合（有効回答 27 名）では，「順調だった」（13 名 48.1%），「難航した」（11 名 40.7%），「取り決め

はしなかった」（3名11.1%）と，日本の場合よりは養育費について順調に取り決められている割合が高い．日本は「取り決めはしなかった」は6割以上と大変割合が高いが，韓国や台湾では1割に過ぎない．

　調査時点での養育費の支払い状況の比較でも，日本（有効回答16名）は「取り決めはしなかった」（8名50.0%）と3カ国中一番割合が高い．しかし，「取り決めが守られている」（4名25.0%）も，「取り決めの一部が守られていない」（1名6.3%）を合わせると3割が何らかの形で受け取っていることになる．「その他」の回答者の内容は，日本（1名6.3%）は，「もう一方の親と連絡を取っていない」，韓国（1名5.0%）は「裁判で一括でもらった」，台湾（1名3.6%）は「（取り決めは）まだ」であった．

　韓国（有効回答20名）は養育費の「取決めをしなかった」（6名30%）と，「取り決めは全く守られていない」（5名25.0%）を合わせると，過半数が養育費の支払いを受けていない．韓国では，離別時に家庭法院で協議内容による養育費負担調書を作成し提出しているにもかかわらず，実際には必ずしも取決め通り履行されていない場合が多いことが窺える．

　しかし，「取り決めが守られている」（4名20.0%）と「取り決めの一部が守られていない」（4名20.0%）を合わせると4割は何らかの形で養育費の支払いを受けており，日本よりは多くなる．さらに，親権者との関係では，「取り決めが守られている」4名のうち，3名は協議による共同親権のケースであったが，「取決めをしなかった」と「取り決めは全く守られていない」の計11名のうち，7名が協議により親権者が母親のケースであった．

　台湾も日本と同様に協議で離婚が決まれば，必ずしも離別後の子どもの共同養育の取り決めをしなくても協議離婚ができる．台湾の回答者（有効回答者28名）のうち，「取り決めが守られている」（9名32.1%）は，今回調査した3カ国の中で一番高い．しかも，韓国の場合と異なって，協議で決まった親権者が，共同親権に限らず母親が親権者の場合でも取り決めが守られている割合は高い．

　台湾では，「取り決めは全く守られていない」（8名28.6%）は，3カ国の中で一番低いが，「取り決めの一部が守られていない」（6名21.4%）「取り決めは全く守られていない」（8名28.6%）を併せると，5割で取決め通り養育費の支払いが守らてれおらず，3カ国の中でも一番高い．

　3カ国の中では，日本は半数で養育費の取り決め自体がなされていないが，取り決めがされている場合には，韓国や台湾と比べると比較的よく取り決めが守られており，韓国や台湾の場合は，取り決めがなされていても，取り決めが守られていない傾向が強いという違いがうかがわれる（**図終-5**）．

　次に，子どもとの面会交流の取決めが順調であったかどうか尋ねたところ，日本の場合（有効回答16名）では，「順調だった」（8名50.0%）が半数となり，「難航した」（4名25.0%），「取り決めをしなかった」（4名25.0%）であった．日本の場合，面会交流の取り決めは養育費の場合と大きく異なり，取り決めが進みやすいことが分かる．但し，母親のインタビューにあるように，養育費は払わないが面会交流を認めることが父親側からの離婚の条件であることも反映されているであろうことが懸念される．

　韓国（有効回答20名）では，「順調だった」（10名50.0%）「難航した」（4名20.0%），「取り決めをしなかった」（6名30.0%），台湾（有効回答27名）でも，「順調だった」（17名63.0%）「難航した」（7名25.9%），「取り決めをしなかった」（3名11.1%）であった．韓国と台湾の場合は，養育費の場合より「順調だった」割合が若干高まり，また「難航した」割合が大きく低下している．但し，台湾の回答者である共同親権の父親の一人が「難航した」に回答をしている．

　では，調査時点での面会交流の実施状況を比較すると，日本（有効回答15名）の場合，「取決めをしなかった」（4名26.7%）は，養育費の場合と異なり約半分の割合になっている．「取り決めが守られている」（6名40.0%）も養育費よりも高い割合である．面会交流が取決め通り実施されている割合は韓国よりも高く，法制度では離別後単独親権であっても，面会交流による共同養育については，両親の取り組みが行われていることがうかがえる．日本は，養育費の取り決めや支払いを受けていない割合が高くても，離別時に面会交流の取決めをしている割合は高く，その後も取決め通り実施されている割合は高くなっている．

　韓国（有効回答数20名）は，「取決めをしなかった」（7名35.0%）が，3カ国の中で一番高くなっている．「取り決めが守られている」（2名10.0%）「取り決めの一部が守られていない」（4名20.0%）を合わせ，面会交流が何らかの形で行われている割合は3割に過ぎない．日本と異なり，養育費の支払いよりも，面会交流による共同養育の方が行われにくい状況がうかがえる．特に，協議で

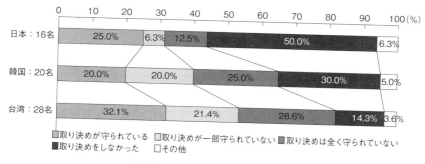

図終-5　養育費：現在の状況

(注) 有効回答　日本：16 名，韓国：20 名，台湾：28 名．

母親が親権者になった場合，11 名中 7 名で「取り決めが全く守られていない」「取り決めをしなかった」と回答しており面会交流が行われていない．

　台湾（有効回答 28 名）では，面会交流は「取り決めが守られている」（11 名 39.3%）が日本と同様約 4 割と，両国は韓国よりもかなり高い割合である．「取り決めの一部が守られていない」（5 名 17.9%）を合わせると，台湾では約 6 割が何らかの形式で面会交流が行われている．「取決めをしなかった」（3 名 10.7%）と「取り決めは全く守られていない」（6 名 21.4%）を合わせると，面会交流がされていない割合は 3 割で，日本の 4 割や韓国の 5 割に比べると 3 カ国の中で一番低い．養育費の場合と同様，協議での親権者が誰の場合でも，取り決めがよく守られている．

　台湾は協議離婚の場合，制度としては韓国のように養育費や面会交流に関する共同養育の合意について司法による確認の制度があるわけではない．しかし，今回の台湾での回答者では，親権者が誰かに関わらず協議離婚の場合は，養育費の支払いも面会交流も韓国よりも取り決めが守られていた．「その他」については，日本（3 名 20.0%）では，記入があったのでは「（もう一方の親の不適切な対応があったので）現在は面会していない」，韓国（3 名 15.0%）では，「会いたいときいつでも」「私の意見の通りしている」，台湾（3 名 10.7%）では，「状況によって決めいている」「相手は精神状態に問題がある」「（もう一方の親に）相手がいるから」などがあげられていた．（図終-6）

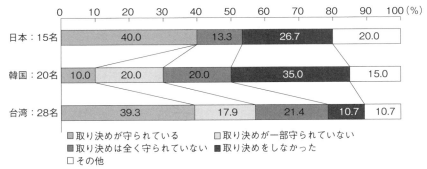

図終-6　面会交流：現在の状況

(注) 有効回答　日本：15名，韓国：20名，台湾：28名.

子どもの意見の取り入れについて

　子どもの権利条約の親子分離禁止の原則や両親の共同養育責任等の規定にあるように，別に暮らすもう一方の親と会う面会交流は，そもそも子どもの権利である．面会交流の決定について，子どもがもう一方の親に会うことに対して，何らかの希望がとりいれられているのだろうか，3カ国で比較した（図終-7）.

　今回の日本の回答者は，離別時は6割以上で子どもの年齢が3歳以下で，3カ国の中で離別時の子どもの年齢が幼い場合が多い．そのため，取り決めに際し子どもの意見を取り入れたかどうか尋ねた項目（有効回答14名）では，子どもが幼くて確認できなかったなどで「取り入れなかった」（7名50.0%）も半数と多くなったが，「取り入れた」（6名42.9%）「まあ取り入れた」（1名7.1%）を合わせると約半数が取り入れている．韓国や台湾に比べると今回の日本の回答者は，「子どもの最善」を認識し，意見が訊ける子どもに対しては子どもの意見を取り入れるようかなり意識しているようである．そのことが，面会交流実施率の高さにも反映されている側面もあると思われる.

　今回の韓国の回答者の離別時の年齢は，3カ国の回答者の中では一番高く，30歳題-50歳代が9割以上であった．子どもの年齢も4歳以上が過半数を占める．しかし，面会交流の取り決めに際し子どもの意見を取り入れたかどうか尋ねた項目（有効回答20名）では，「取り入れた」（4名20.0%）「まあ取り入れた」（1名5.0%）で合わせても3割に満たない．離別時の子どもの年齢は一番高い

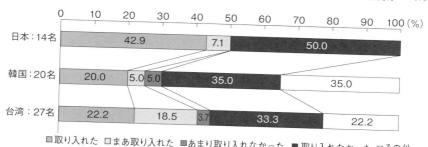

図終-7　面会交流：子どもの希望

(注) 有効回答　日本：14名, 韓国：20名, 台湾：27名.

が, 子どもの意見が反映されている割合は3カ国の中で一番低くなっている. しかし, 協議で母親が親権者（11名）の場合のみ「取り入れた」「まあ取り入れた」が4名で一番多く, 母親の子どもへの配慮がうかがえるのは日本の場合と似ていると言えるかもしれない. しかしそのうちの3名で, 面会交流の「取決めが一部守られていない」と回答している.

　家庭法院に提出する子の養育と親権者決定に関する協議書には, 面会交流についても引き渡しの時間や場所など詳細に書くような書式ではあるが, 子の意思の確認についてのチェック欄は無い[金 2019]. 韓国の民法では面会交流は子の権利であるとともに, 直接養育しない親の権利でもあるとされている. 協議で共同親権の場合でも半数が子どもの意見を「取り入れていない」ので, 合意書作成時にも親同士の合意になりがちであり, 子どもの意見を反映されにくいことにも繋がっているのかもしれない[10).

　台湾では回答者の離別時の親の年齢は, 30歳未満が6割で離別当時の子どもは3歳以下が過半を占めた. 一方で, 離別時の子どもの年齢の分布は, 日本の場合よりも高い13歳以上まで広がっている. 面会交流の取り決めに際し子どもの意見を取り入れたかどうか尋ねた項目（有効回答27名）では,「取り入れた」（6名22.2%）「まあ取り入れた」（5名18.5%）併せて約4割で日本より低いが, 韓国よりは多かった. 養育費の場合と同様, 協議の場合は親権者が誰かに関係なく, 子どもの意見を取り入ていた.「あまり取り入れなかった」（1名3.7%）「取り入れなかった」（9名33.3%）を合わせると, 積極的に取り入れていない割合も4割弱で韓国と同じ割合であるが, 日本の5割よりは低い.

「その他」への回答は，日本はいなかったが，韓国（7名35.0%），台湾（6名22.2%）に多かった．具体的記入があった内容では，両国とも「子どもがまだ小さかった」「裁判官と相手の弁護士は子どもが小さすぎて，取り入れる必要がないと主張した」「子どもが小さいので（意見を）採用できなかった」「子どもが小さかったので母が決めた」など，子どもが小さいので意見を取り上げることが出来ない，または取り上げる必要がないという内容が多かった．離別時に子どもが小さい割合は日本の方が高かったが，日本ではそのような意見は出ておらず，子どもの意見を取り上げることに対する日本の親と韓国・台湾の親との考え方の違いが表れているように思われる．

　以上，アンケート調査の結果から，3カ国における離婚の要因，離別時の親権者の決定，養育費や面会交流による共同養育についての取決めの現況について取り上げてきた．離別時の親権者の決定では，3カ国とも親権者は母親が一番多かったが，韓国と台湾では協議離婚でも共同親権の選択が2割前後あった．今回は3カ国とも回答者がほぼ母親であったこともあり，父親親権者は大変少なかった．

　母親による親権者が多いのは，東アジア家族主義福祉国家としての特徴である性別役割分業により，「監護の継続性・安定性」が反映していることが考えられる．また，協議離婚でも家庭法院を経由する韓国の場合は，法廷での共同親権についての啓発教育や調停員などの影響によって共同親権が「子どもの最善の利益」であると親が認識することは共同親権選択に対して影響力が大きいと考えられる．しかし，双方の合意で協議離婚が成立する台湾でも共同親権が一定割合あるのは，親の認識として共同親権が「子どもの最善の利益」であるという考え方が両国で広まりつつあると受け止められる．

　養育費の取決めについては，日本の場合は，協議離婚の場合は離婚届けに設けられた離別後の共同養育についてのチェック欄のみでは強制力がないので，実際に養育費の取決めをしていなかったり，取り決めを全く守っていなかったりする場合が大半を占めていた．このことは，親権を持たず別に暮らすもう一方の親，特に父親による離別後の共同養育について認識が弱いことが表れている．養育費の受け取りが無いことは，ひとり親家庭の貧困，ひいては子どもの貧困率の高さにも影響している．しかし，離別の理由が精神的・経済的暴力が

多く，離別後に子どもと一緒に暮らす母親が別に暮らす父親と接触したくない
であろうことや，そもそも支払い能力が無いことも考えられる．その一方で，
取り決めが守られている場合も四分の一あり，手続き上で裁判所を経由し共同
養育の協議書を提出する韓国より高い割合であることも特徴である．

　韓国は，離別時に未成年の子どものいる場合，協議離婚でも法制度として離
別後の子どもの共同養育について協議書を提出するまで離婚が成立しないなど
の制度的配慮がある．しかし，実際に養育費の支払いの取決めが守られている
割合は低く，養育費の支払いを受けることは「子どもの権利」であることにつ
いて，子どもと別に暮らすもう一方の親の認識が弱いことが課題として表れて
いる．

　台湾では，未成年子の養育費について取り決めをしなくても協議離婚ができ
るが，３カ国の中では何らかの形で支払われている割合が一番多かった．協議
での共同親権の割合が韓国よりも高く，今回の調査では共同養育に対する親の
意識が高いことがうかがわれる．それでも，４割は支払われておらず，親の共
同養育に対する意識と自発性だけでは共同養育履行に弱さも見られた．

　面会交流の取決めは，同じ離別後の共同養育でも，養育費の場合よりも取り
決めがなされ，守られている割合が３カ国とも高くなっていた．しかし，面会
交流についての子どもの意見の反映については，国によって異なっていた．

　日本の回答者の場合，養育費の受け取りは少なくても，面会交流の履行およ
び子の意見がよく反映され，養育する親（特に母親）の「子どもの最善の利益」
への努力がうかがえる．しかし，離婚の主な理由が精神的暴力や経済的暴力で
あり，養育費不払いでも面会交流させているなど，理不尽な辛い思いをしてい
ることも推測される．法務省も共同養育を推奨するなら，面会交流だけでなく，
別に暮らす親が養育費を払う責務を果たす制度による効果的支援が必要である
と思われる[11]．

　韓国の回答者は，日本の傾向とは反対に，韓国は家庭法院での共同養育につ
いての合意書提出時に面会交流についての取決めを記入しているにも関わらず，
養育費支払いの取決めよりも，さらに面会交流の取決めが守られている割合も
低い．面会交流についての子どもの意見の取り入れについても，子どもの年齢
分布は一番高かったが，子どもの意見が反映されている割合は３カ国の中で一

番低くなっている．家庭法院に提出する子の養育と親権者決定に関する協議書には，面会交流についても引き渡しの時間や場所など詳細に書くような書式ではあるが，子の意思の確認についてのチェック欄は無い［金 2019］．韓国の民法では面会交流は子の権利であるとともに，直接養育しない親の権利でもあるとされている．このことが，合意書作成時にも親同士の合意になってしまい，子どもの意見を反映しにくいことにも繋がっているのかもしれない．

　台湾の回答者は，協議での共同親権の割合が韓国よりも高い．協議離婚の場合，韓国のように共同養育についての合意内容の届け出等の必要がないが，親権者がどちらかに関わらず，3 カ国の中では，養育費の支払いも面会交流もよく実施されていることが示されていた．子どもの意見を取り入れる割合も韓国より高く，協議離婚では面会交流への制度的強制力はないが，両親による「子どもの最善の利益」への配慮が反映されていると思われる．今後は，具体的な養育費の支払い方法，面会交流の内容について，親たちの離別時の取決めの履行を支える仕組みが必要と思われる．

3　東アジア家族主義福祉国家における離別後の親権や共同養育の課題

　最後に，離別後の親権や共同養育に関する各国の実際と福祉国家体制の影響から，日本に共同親権・共同養育が導入された場合の課題を考えていきたい．離別後の親権や共同養育の実際について本書の研究テーマである日台韓の三カ国の比較から家族主義福祉国家での課題について 4 点をあげる．

　1 点目は，共同親権と共同養育の実際と理念の相違についてである．韓国と台湾では 20 年以上前から離別後の共同親権を制度的に取り入れており，協議離婚で共同親権を選択している割合も一定割合みられた．未成年子を伴う離婚の場合でも，日本と台湾では協議離婚の場合，そもそも子の監護内容自体を届ける必要がない．韓国では協議離婚であっても必ず家庭法院への親権者決定内容，養育費や面会交流など離別後の子の監護についての協議内容の提出しなければ離婚が成立しない．

　しかし，養育費の支払いの取決めや面会交流の取決めの履行については，3

カ国の中で韓国は一番取り決めが守られている割合が低かった．養育費の取り立てを申請する制度があっても，相手が払えなと申請しても払ってもらえない．法制度を整えるだけでは，離別後の共同養育が必ずしも実行されるわけでは無いことが示されている．家庭法院での親双方の合意による「子の養育と親権者決定に関する協議書」及び「子の養育と親権者決定に関する審判書正本」の提出によるシステムだけでなく，実際にその内容の履行を支える有効な方法が必要であると思われる．特に養育費の支払いは，これら三カ国において，国による立て替えと同時に，離れて暮らすもう一方の親への支払い請求の代理執行や支払わない場合の制裁など，確実な方法が求められる．

　しかし，一方で，台湾では協議離婚の場合，共同親権の割合が韓国よりも高く，日本は単独親権でも共同養育への配慮が覗え，特に面会交流はよく履行されていた．このことから，離別しても子どもが双方の親の愛情を感じながら育つことのできる環境の意義を親が理解することは，影響力をもつことが分かる．

　2点目は，日台韓3カ国の家族主義福祉国家における性別役割分業の影響である．3カ国とも性別役割分業型の福祉国家であるため，子どもの日頃のケアは母親が主に担っている．そのため，「監護の継続性・安定性」の観点から，離別後の親権者も母親になる割合が高い．しかし，このことはまた「もろ刃の刃」にもなっている．母親が親権者になっていても，性別役割分業が労働市場にも反映しているため，子どものいる母親の労働条件は悪く，ひとり親家庭の貧困率や子どもの貧困率の高さにも繋がっている．

　離れて暮らす父親に法的に扶養義務があるにもかかわらず，一般的認識として親権者である母親が養うべきであるとみなされがちである．今回の調査結果でも，半数で養育費の取決め自体がなされていなかった．韓国や台湾も同様に，これらの家族主義福祉国家の国々では男性中心の労働市場で非常に低収入でも母親が一人で子どもを養っていくことになる．台湾や韓国では，20年以上前から共同親権を導入していても，離別後の子どもの養育実態そのものは，日本とあまり変わらない．

　韓国での家父長制から「圧縮的近代」（"compressed modernity"）と呼ばれる急速な近代化の進行は，社会への民主主義の浸透が日本より遅く始まり，短時間で達成が目指された[Chang 2010]．そのため，グローバルな理念である「子ど

もの最善」としての離別後の共同親権制度が取り入れられても，社会意識として家父長制の残滓など，現実の運用として様々な齟齬が見られ，理念先行のシンボリックな共同親権となっている面も否めない[山西 2020]．

　3点目は「子どもの最善」の判断基準の問題である．日本の民法による離別後の単独親権制度下でも，2011年の民法改正では，子どもの権利条約の影響から，親権者や離別後の子の監護においても，「子どもの最善の利益」を優先することが明文化された．法務省でも子どもの利益の保障として離別後の共同養育を推奨している．今回の日本の回答者である母親たちは，養育費を取決め通り受け取っている割合は四分の一と高くはないが，面会交流の取決め通りの履行は4割と高かった．8割以上で母親が親権者になる一方で，その親権者である母親が，子どものために，別に暮らす父親に対して実態として「面会交流寛容性の原則」（フレンドリーペアレント・ルール）を取り入れていることが分析結果に表れていた．日本では，「面会交流寛容性の原則」（フレンドリーペアレント・ルール）は，まだ欧米ほど広く認識されてはいないと思えるが，韓国や台湾以上に子どもの意思の確認を通じての「子どもの最善の利益」への配慮がうかがえると同時に，離別後の子どもの養育費負担を母親が一方的に負う矛盾もある．

　他方，法廷での手続きを伴う韓国では，面会交流の詳細も協議書に記すことになっているが，今回の回答者では面会交流は韓国よりもむしろ日本の方が良く行われていた．韓国のように，親権者や養育費，面会交流などの離別後の子どもの共同養育の詳細についての協議内容を，必ず法廷で判断する手続きは，「子どもの最善の利益」の確保には法的に有益な方法だと思われる．しかし，協議書の内容が，共同親権の選択や「面会交流寛容性の原則」（フレンドリーペアレント・ルール）への適応など，当事者の子どもに向けてではなく，裁判官に向けた大人の考える「子どもの最善の利益」になりかねないという問題をはらむ．制度的方法だけではなく，「子どもの最善の利益」が守られるべき当事者である子ども自身の希望を判断基準とする実質的手段の確保が欠かせない．

　4点目は，新自由主義経済の影響である．北欧のように福祉の「脱家族化」が進まないまま「圧縮された近代」が進行した結果，韓国や台湾では東アジア諸国から外国籍花嫁や外国籍家事労働者を受け入れ，外国籍労働者による家族でのケアが進んでいる．このことは「半自由主義的家族主義」とも呼ばれる

［落合 2011］．結果として，外国籍配偶者の女性たちが韓国や台湾の事例のように，離婚する際に裁判官から親権者指定を受けにくかったり，面会交流の際に別に暮らすもう一方の親の家族から不適切な対応を受けたりといった外国籍配偶者に対する疎外や周辺化の問題も浮き彫りになった．

　台湾では，日本と同様に「子どもの最善の利益」の判断基準として「監護の継続性・安定性」を設けている一方で，このように外国人の母親たちに対しては判決基準が異なるなど，日本とはまた違った内容での“ダブル・スタンダード”を起こしているとの指摘がされている．さらに，これら外国籍配偶者は立場が弱く DV 被害も受けやすいが，子どもを置いて家を出た場合に「現状維持原則」が今度は逆に被害者である母親にとって不利になっている．日本も，これまでは出入国管理及び難民認定法の基準が厳しいため，日本には単純労働での移民が比較的難しかった．しかし，2019 年 4 月 1 日より特定技能枠での単純労働者の移民が可能となった．結果として，日本も今後，韓国や台湾のように，これら外国籍労働者による国内での国際結婚および国際離婚が増加する可能性があり，対応が必要になると思われる[12]．

　以上 4 点は，家族に，特に女性に子どものケアなど福祉的課題に対する責任を大きく委ねた福祉国家であるまま，グローバルな法理念を国家が導入したことから発生している不均衡から生じる問題であると考えられる．SDGs（持続可能な開発目標）17 のグローバル目標において，貧困の解消は第一番目に挙げられている．日本での離別後の共同親権の導入や共同養育を実施する場合においては，子どもやその育つ家庭が貧困にならないよう，まず子どもと離れて暮らす親の養育費支払いを確実にした共同養育の実施が必要だと考える．双方の親が親としての責任の自覚と，子どもの権利としての「子どもの最善の利益」が確保できる共同養育の大切さを理解をすることが必要だと思われる．

　そして，何よりも本当の意味での「子どもの最善の利益」を実現できる離別後の親権制度の在り方や共同養育の具体的実施方法を慎重に整えていかなかければならない．多くの人にとって離婚は想定外であり精神的にも影響が大きいと思われる．決断に至るまでに精神的にも消耗することだろう．そのような心身が疲弊した状況の中で，離別後の子どもの養育にとって何が一番良いことなのか的確な判断を自分たちで下すことはとても難しいことだろう．そのため，

未成年子を伴う家族の離婚の際には，自分たち家族にあった離別後の子どもの親権や養育についてよく考えることが出来るように寄り添い，必要な情報提供の元に当事者である親や子どもが良く考えて自己決定できるようにエンパワーメントして支える仕組みが必要だろう．「子どもの最善の利益」という理念が先行した制度を整えるのではなく，「この子どもの最善の利益」が実現できるような仕組みを整えることが望まれる．

注

1）【離婚等請求事件】平成 29 年 7 月 12 日/最高裁判所決定/平成 29 年（受）810 号/不受理　母親が父親に無断で娘を連れ出した事件で，離婚の成立と親権者をめぐって父母間で争われた．親権者の適格性では，父親から提示された年間 100 日間の面会交流「面会交流寛容性の原則」（フレンドリー・ペアレントの重視）が焦点となったが，平成 29 年 1 月 26 日/東京高等裁判所判決/平成 28 年（ネ）2453 号での監護の継続性・安定性から母親が親権者となる判決が成立した．本書第 2 章第 2 節も参照のこと．

2）【人身保護請求事件】平成 30 年 7 月 17 日／名古屋高等裁判所／民事第 4 部／判決／平成 30 年（人ナ）4 号　夫婦仲が険悪になった在米日本人の妻が夫の同意を得ずに息子を連れて日本に帰国した事件．父親はハーグ条約にもとづき返還命令を申し立て，東京家庭裁判所も同年次男の返還命令を決定したが，不履行となったため，父親が人身保護請求事件を起こした．二審の最高裁は一審の名古屋高裁の母親が親権者の判決を棄却し差し戻しとなり，息子の釈放が認められ父親に引き渡す判決となった．第 2 章第 2 節も参照のこと．

3）家事訴訟規則第 99 条（当事者）① 子の養育に関する処分及び変更，面会交流権の制限及び排除並びに親権者の指定及び変更に関する審判は，父母の一方が他方を相手方として請求しなければならない[黄 2014]．

4）本章で取り上げるのは民國 108（2019）年 6 月 19 日改正までである．

5）六　父母之一方是否有妨碍他方對未成年子女権利義務行使負担之行為．

6）本調査研究はすべて熊本学園大学倫理調査審査会での審議を受け，承認を得て行ったと（承認日付：日本調査 2016/7/13，韓国・台湾調査　同年 9/30）．日本での調査期間は，調査地が 2016 年 4 月に起きた地震被害の大きな影響のため，配布回収などで他の 2 国に比べ調査期間が長くなった．

7）3 カ国とも，アンケート調査の対象者数が少なく，また特性が均質でなく偏りがあるので，本調査結果は一般化出来ない．しかしながら，離別後の親権や共同養育の実際を知る上で，様々な状況にある当時事者理解に資するデータとして受け止めることにする．

8）日本はまだ離婚調停中等で離婚が成立しないまま別居の人が 3 名含まれている．日台韓 3 カ国の対象者条件を揃える意味ではこれらの日本のケースは分析から省くべきかもしれないが，離婚調停の内容も日本の離別後の親権や共同養育について考える上では有

効と判断して今回は分析対象に含むことにした.

9）日本の場合，まだ離婚が成立していない 3 名については，離婚時の共同養育に関する
取り決めに関する項目については非該当として有効回答からは外して集計してある.

10）「子の養育と親権者決定に関する協議書の作成方法」には，3 面会交流権の行使の有
無およびその方法に面会交流は子が父母双方の愛情を受け，健やかに成長するために必
ず必要なものであると記されている［金 2019］.

11）平成 14 年 11 月の母子及び寡婦福祉法の改正において，児童を監護しない親は養育費
を支払うよう努めるべきこと，児童を監護する親は養育費を確保できるよう努めるべき
こと，国及び地方公共団体は養育費確保のための環境整備に努めるべきことが規定され
た．養育費確保にかかる裁判に要する費用については，123 万 6000 千円を限度として
母子福祉資金貸付金の一つである生活資金を一括して借りることができる．しかし，日
本では，他国のように別に暮らす親が支払わない場合の制裁が無く，日々の暮らしに追
われる子どもと暮らす母親に払わない父親との交渉や裁判などを通じて養育費請求の努
力義務を課すのは心身の負担がきつく現実的でないと思われる.

12）文部科学省は 2019 年 9 月 27 日に外国人の子どもの就学状況について初めての全国調
査結果を公表し，日本に住む義務教育相当年齢の外国人児童 12 万 4049 人のうち，
15.8％に当たる 1 万 9654 人が不就学の可能性があることが判明した.

参考文献

落合恵美子［2011］「個人化と家族主義」，ウルリッヒ・ベックほか編『リスク化する日本
社会』岩波書店.

金亮完［2014］「アジア法──韓国」，床谷文雄・本山敦編『親権法の比較研究』日本評論
社.

黄浄愉［2014］「アジア法──台湾」，床谷文雄・本山敦編『親権法の比較研究』日本評論
社.

榊原富士子・池田清貴［2017］『親権と子ども』岩波書店.

二宮周平［2014］「家事紛争の合意解決の促進と台湾家事事件法」『立命館法学』2 （354）.

山西裕美［2018a］「日本における離別後の親権と共同養育における課題についての一考察」
『社会福祉研究所報』（熊本学園大学），46.

────［2018b］「離別後の親権についての日韓比較研究」，熊本学園大学付属海外事情研
究所『海外事情研究』（熊本学園大学），45.

山西裕美・周典芳［2018］「離別後の親権についての日台比較研究──制度の視点からの一
考察」『社会関係研究』（熊本学園大学），23(1).

Lee, M.-C. [2008]"The Procedure of Divorce by Agreement in 2008 Year's Amendment of
Civil Act,"『家族法研究』22 （3）.

＜ウェブサイト＞

中華民国 106 年「2017 性別圖像」行政院主計聰處.

あとがき

　この「あとがき」を書いている 2 月上旬に，18 歳以下の子ども対象の 10 万円給付を，ひとり親でも給付が受け取れるようになったと政府の発表がありました．この給付は，前年の 2021（令和 3）年に決まったものですが，児童手当の仕組みを使って世帯主に給付される形となっているため，昨年の 9 月以降に離婚したり，別居したりしていた場合に，子どもを実際に養育している親ではなく，別に暮らす子どもを養育していない親に振り込まれてしまう場合があることが問題になっていました．

　本書の目的は，未成年子のいる場合の両親離別後の親権に，日本で共同親権制度が導入されるとどのような課題があるのか検討することでしたが，この報道を聞いてやはり研究を通じて課題と捉えたことがここでも表れていると思いました．別居や離婚で子どもが母親と一緒に暮らし，自分と別に住んでいても，振り込まれた口座が世帯主の自分の口座だと言って，子どもに対して支給された 10 万円を子どもに渡さない父親が多いそうです．

　両親離別後の子どもの親権が単独か共同かに関わらず，離別後も両親が子どもの養育に協力する共同養育は，もともと日本でも前提となっており，2011（平成 23）年には，さらに明確に伝わるように民法が改正されています．しかし，それから 10 年以上経っても，子どものために支給されたことが分かっておりながら，振り込まれた口座が自分の口座だから自分のものだという考え方の父親がいるのは残念なことです．

　「子どもの最善の利益」だからと，このまま日本にも両親離別後に共同親権制度が導入されても，本当に「子どもの最善の利益」につながる共同養育を実現できる両親がどれだけいるのか，不安に思える出来事でした．継続的に養育費の支払いを受けている母子家庭も約 2 割と，民法の扶養義務もまだ十分に守られておらず，子どもと別に暮らす親に子どもの養育責任の自覚をどう促すのかが大きな課題であることが浮き彫りになっています．

　現地調査研究から，いくつか論文をまとめましたが，さらに本書の出版まで若干時間が経ってしまったので，制度や状況が動いています．韓国では，2014年に制定された「養育費の履行確保及び支援に関する法律」に基づき，2015年に養育費履行管理院が設立されて養育費の支払いについては，少しずつ効果も見られてきているようです．しかし，2018年時点でのひとり親調査結果でも，一回も養育費を受け取ったことがない割合がいまだに7割以上です．

　日本でも，協議離婚では離婚届けにチェック欄は設けられ様々な情報発信がされるようなっています．しかし，韓国と異なり，今でも離婚前に養育費についての取り決めが義務化されているわけではありません．むしろ，依然として「母子及び父子並びに寡婦福祉法」では，子どもと一緒に暮らす親が別に暮らす親の子どもの扶養義務履行を確保するよう努力義務が課されています．筆者の暮らす熊本市では，2012年9月に3人の子どもを引き取り離婚した母親が養育費について父親に電話で相談したところ，その母親が父親に模造刀で襲われ重体になった事件が起こり，大変驚いたことがありました．

　離別後の子どもの養育の在り方については，その親子の関係にあった形を見つけることが出来れば良いのではないかと考えます．それぞれの家族が置かれた状況は様々です．離別後も協力して共同養育ができる両親もいれば，状況的に難しい両親もいるでしょう．韓国や台湾でのインタビューでよく伺いましたが，初めて離婚に直面し考えることが沢山ある中で，また離婚に至るまでに疲れ切っており，そこで初めて共同親権が子どもにとって良いと言われても，よく考えて判断することが出来ないとのことでした．この研究を通じて一番感じたのは，このような場合に，知識もあり必要な情報提供やアドバイスもしてくれながら，当事者親子に寄り添い，その親子にあった選択が出来るように支え，自己決定できるようエンパワーメントしてくれるような支援者がいると良いだろうということです．その親子の，その子どもの最善の利益を導きだせるようなケース・ワークが必要ではないかということです．

　もう一つは，離婚よりももっと前から親としての学びと気づきが得られる機会を提供することです．離婚時に離別後の子どもの養育について親教育を実施するだけではなく，さらに前の段階の学校教育などで自分のライフ・プランを考える機会を通じ，人生で起こりえるライフ・イベントとして結婚や子どもを

持つこと，離婚も含めて，その時々に必要な自身の役割と責任について考えることによって，子育てにおける「子どもの最善の利益」への理解も深まるのではないでしょうか．

　1980年代の家庭における性別役割分業に基づく日本型福祉社会構想が打ち出された時代とは，今の日本は少子高齢化により人口構造も変化しています．労働人口の減少から，政府は2025年の子育て期の女性の就労率82％を目標値に設定しています．今年の10月からは，産後パパ育休制度（「出生時育児休業」）も始まります．両親がともに協力して家事や育児を担う家庭を築く認識と自覚をもてるように，社会意識を変えていく必要があるでしょう．

　両親がともに子育てに深く関わる家庭を築くことが出来ることにより，離別に際しても，子育てにおいては子どもの利益を一番に考えて両親が子どもの養育に協力していくことが実現できる社会的基盤が整うのではないかと考えます．

　本書の研究は，文部科学省日本学術振興会科学研究補助金の交付を受けて行いました．

　日本での調査研究では，多くの母子福祉関連施設等のスタッフの皆様方やひとり親の方々にご協力いただき実施できました．韓国での調査研究では，延世大学神学部相談コーチング支援センターのクォン・ス・ヨン（권수영）教授，並びに韓国ひとり親団体 Korea Association of Single Parent Family（사단법인한국한부모가정사랑회）ファン・ウン・スク（황은숙）会長，および会員の皆さんの協力を得ることができました．台湾での調査研究では，財団法人台北基督教女青年会（YWCA）のスタッフの皆様方やひとり親の方々のご協力を得ました．自分の経験が少しでも社会の役に立つのならとご協力くださったひとり親の皆さんのご協力なくしてはこの研究は実施できませんでした．この場をお借りして感謝申し上げます．

　また，本書の出版は，2021年度熊本学園大学海外事情研究所出版助成金を受けております．担当職員の山本由美さんには，大変お世話になりました．有難うございました．

　そして，出版をお引き受け下さった晃洋書房編集担当の丸井清泰さんには，この2年間にわたる新型コロナウイルス感染拡大によりリモートと対面の間で

振り回される大学授業の準備で中々原稿が進まなかったため，大変ご心配とご迷惑をお掛けしました．根気強くご対応下さり有難うございました．

2022 年 2 月

山 西 裕 美

初 出 一 覧

山西裕美［2018］「日本における離別後の親権と共同養育における課題についての一考」『社会福祉研究所報』（熊本学園大学），46.

山西裕美［2018］「離別後の親権についての日韓比較研究」『海外事情研究所報』（熊本学園大学），45.

山西裕美・周典芳［2018］「離別後の親権についての日台比較研究——制度の視点からの一考察——」『社会関係研究』24（1）.

山西裕美・周典芳［2019］「離別後の親権についての日台比較研究②——東アジアの家族主義福祉国家における調査結果からの一考察——」『社会関係研究』24（2）.

山西裕美［2019］「離別後の親権についての日韓比較研究②——東アジアの家族主義福祉国家における調査結果からの一考察——」『海外事情研究所報』（熊本学園大学），46.

山西裕美［2020］「離別後の親権・共同養育についての日台韓比較研究——調査結果より一考察——」『海外事情研究所報』（熊本学園大学）47.

山西裕美［2020］「離別後の親権・共同養育についての日台韓比較研究——制度面からの一考察——」『社会福祉研究所報』（熊本学園大学）48.

資　　料

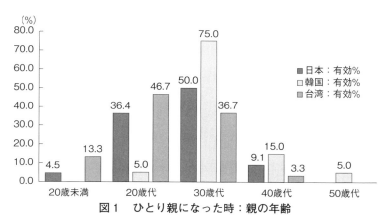

図1　ひとり親になった時：親の年齢

（注）有効回答　日本：22名，韓国：20名，台湾：30名.

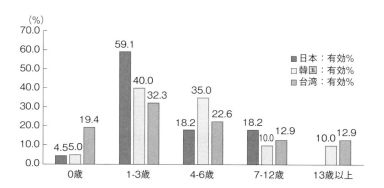

図2　ひとり親になった時：一番下の子どもの年齢

（注）有効回答　日本：22名，韓国：20名，台湾：31名.

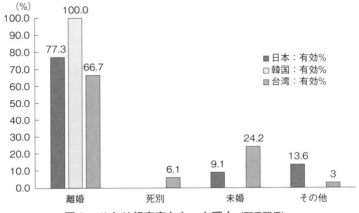

図3　ひとり親家庭となった理由（配偶関係）

（注）有効回答　日本：23 名，韓国：20 名，台湾：33 名.

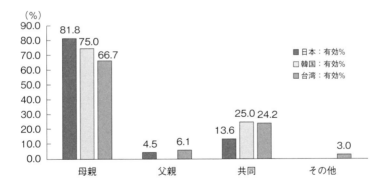

図4　親権者

（注）有効回答　日本：22 名，韓国：20 名，台湾：30 名.

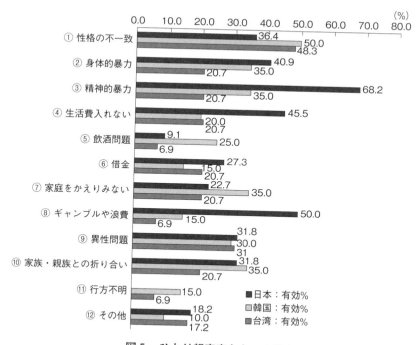

図5　ひとり親家庭となった理由

（注）有効回答　日本：23 名，韓国：20 名，台湾：34 名.

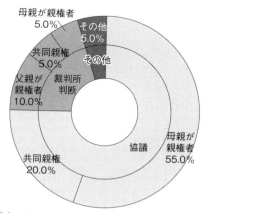

図6　子どもの親権についての話し合い（韓国：有効回答 20 名）

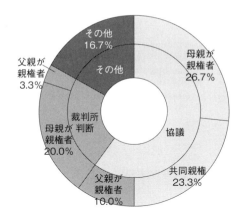

図7　子どもの親権についての話し合い（台湾：有効回答30名）

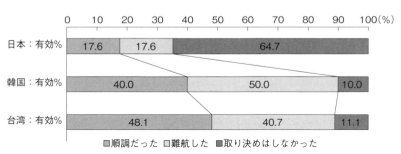

■順調だった　□難航した　■取り決めはしなかった

図8　養育費の取り決め

（注）有効回答　日本：17名，韓国：20名，台湾：27名.

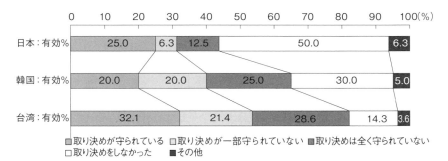

■取り決めが守られている　□取り決めが一部守られていない　■取り決めは全く守られていない
□取り決めをしなかった　　■その他

図9　養育費：現在の状況

（注）有効回答　日本：16名，韓国：20名，台湾：28名.

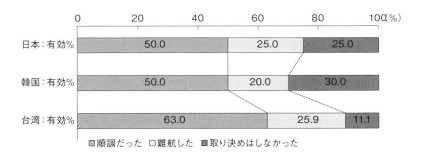

■順調だった　□難航した　■取り決めはしなかった

図10　面会交流の取り決め

（注）有効回答　日本：16名，韓国：20名，台湾：27名.

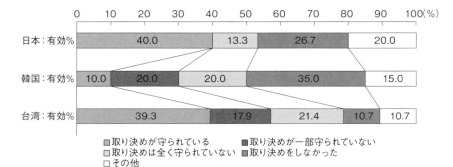

図 11　面会交流：現在の状況

（注）有効回答　日本：15名, 韓国：20名, 台湾：28名.

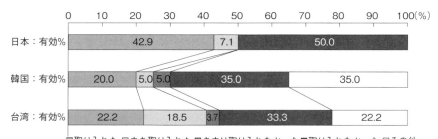

図 12　面会交流：子どもの希望

（注）有効回答　日本：14名, 韓国：20名, 台湾：27名.

索　引

《**執筆者紹介**》（執筆順，＊は編著者）

＊山 西 裕 美（やまにし　ひろみ）［**第1章，第2章第1〜3節（1），第4章，終章**］
　　大阪大学大学院人間科学研究科社会学専攻博士課程後期単位取得満期退学，修士（学術）
　　現在，熊本学園大学社会福祉学部教授
　　（資格：一般社団法人社会調査協会専門社会調査士）
主要業績
　　『家庭内で起こる暴力とファミリーサポート――市民サポーターのエンパワメント――』（編著，中
　　　央法規出版，2005年）
　　『論点ハンドブック 家族社会学』（共著，世界思想社，2009年）
　　『社会学と社会システム』（編著，学文社，2021年）

出川 聖尚子（でがわ　りさこ）［**第2章第3節（2）**］
　　早稲田大学大学院文学研究科博士後期課程単位取得退学，修士（文学）
　　現在，熊本学園大学社会福祉学部教授
主要業績
　　『よくわかる女性と福祉』（共著，ミネルヴァ書房，2011年）
　　「10代出産家庭への支援に関する一考察」（『社会福祉研究所所報』（熊本学園大学），45，2017年）
　　「10代で出産した母子世帯に関する一考察――沖縄のひとり親世帯への調査から――」（『社会福祉
　　　研究所所報』（熊本学園大学），47，2019年）

周　　典 芳（しゅう　てんほう）［**第3章**］
　　大阪大学大学院人間科学研究科博士後期課程修了，博士（社会学）
　　現在，台湾慈済大学コミュニケーション学科准教授
主要業績
　　『人際關係與溝通（人間関係とコミュニケーション）』（共著，台湾五南書局，2009年）
　　「台湾におけるヤオイ現象――読者インタビューから見出したヤオイの理由――」（『日本ジェンダー
　　　研究』12，2009年）
　　「台湾における結婚・出産激励広告」（『日本ジェンダー研究』19，2016年）

揺れる子どもの最善の利益

——東アジアの共同養育——

2022年4月20日　初版第1刷発行

＊定価はカバーに
　表示してあります

編著者　　山　西　裕　美 ©

発行者　　萩　原　淳　平

印刷者　　藤　森　英　夫

発行所　株式会社　晃　洋　書　房

〒615-0026　京都市右京区西院北矢掛町7番地

電話　075 (312) 0788番(代)

振替口座　01040-6-32280

装丁　㈱クオリアデザイン事務所　　印刷・製本　亜細亜印刷㈱

ISBN978-4-7710-3637-6